国家电网有限公司党支部标准化建设系列丛书

党员教育管理工作指引

国家电网有限公司党组党建部 编

中国电力出版社

CHINA ELECTRIC POWER PRESS

图书在版编目（CIP）数据

党员教育管理工作指引 / 国家电网有限公司党组党建部编 . —北京：中国电力出版社，2023.9（2025.11重印）
（国家电网有限公司党支部标准化建设系列丛书）
ISBN 978-7-5198-8123-8

I.①党… Ⅱ.①国… Ⅲ.①中国共产党—电力工业—工业企业—党员—思想政治教育—教育工作 Ⅳ.①
D261.42

中国国家版本馆CIP数据核字（2023）第169816号

出版发行：中国电力出版社
地　　址：北京市东城区北京站西街 19 号（邮政编码 100005）
网　　址：http://www.cepp.sgcc.com.cn
责任编辑：钟　瑾 （010-63412867）
责任校对：黄　蓓　于　维
装帧设计：宝蕾元
责任印制：钱兴根

印　　刷：三河市万龙印装有限公司
版　　次：2023 年 9 月第一版
印　　次：2025 年 11 月北京第十三次印刷
开　　本：889 毫米 ×1194 毫米　16 开本
印　　张：9.25
字　　数：198 千字
定　　价：42.00 元

习近平总书记指出，"要重点加强基层党组织建设，全面提高基层党组织凝聚力和战斗力"。党支部是党的基础组织，是党全部工作和战斗力的基础，担负着直接教育管理党员和组织凝聚群众的重要职责，抓好党支部建设意义重大。全国国有企业党的建设工作会议以来，国家电网有限公司党组坚持以习近平新时代中国特色社会主义思想为指导，大力推进"旗帜领航"党建工程，将抓基层打基础作为长远之计和固本之策，在公司系统 4 万多个党支部全面推行标准化规范化建设，创新构建"五个标准化"体系，编制形成《党支部标准化建设指导手册》，推动党支部基础管理更加严格、活动开展更加有序、作用发挥更加充分，基层组织力和战斗力显著提升。

面向新时代新征程，党的二十大对深入推进党组织建设作出了新的部署安排，强调增强党组织政治功能和组织功能，坚持大抓基层的鲜明导向，把基层党组织建设成为有效实现党的领导的坚强战斗堡垒。为深入贯彻党的二十大精神，持之以恒强基固本，公司以提升党支部建设质量为着力点，组织编写了《党支部标准化建设系列丛书》，进一步细化流程、提升标准，完善党支部工作的任务书、路线图，努力为广大党支部书记和党务工作者提供更加精准、更加规范的工作指南。

丛书包括《组织生活指引》《党员教育管理工作指引》《换届选举工作指引》《发展党员工作指引》《思想政治工作指引》五个分册，涵盖了党支部工作的主要内容和重点难点问题，在原有《党支部标准化建设指导手册》的基础上，突出规范性，以党内规章制度和中央最新要求为依据，吸收借鉴地方党委成熟经验做法，进一步细化工作标准和建设要求，对党支部标准化建设"怎么干""如何干好"作出详细说明，确保党支部各项工作有章可循、有据可依；提升操作性，针对党支部的工作难点和薄弱环节，设计制作详细流程图，力求细化到每个步骤、明确到每个节点，通过图文并茂的形式使党支部工作更加便于操作执行；增强实用性，集中解答党支部实际工作中遇到的常见问题，并提供参考模板、成熟案例、操作范本等，内容具体、一目了然，着力减少党支部理解偏差，切实提升工作实效。《党支部标准化建设指导手册》与《党支部标准化建设系列丛书》"一总五分"，相互关联、互为补充，共同为深化党支部标准化建设提供工作指引和重要参考。

希望广大党支部书记和党务工作者学好用好系列丛书，进一步改进工作方法、提升工作水平，持续深化党支部标准化规范化建设，推动党支部全面进步、全面过硬，充分发挥战斗堡垒作用，为推进"一体四翼"高质量发展、加快建设具有中国特色国际领先的能源互联网企业作出新的更大贡献。

丛书编写组

2023 年 8 月

第三章　党员监督

第四章　党员服务

第五章　作用发挥

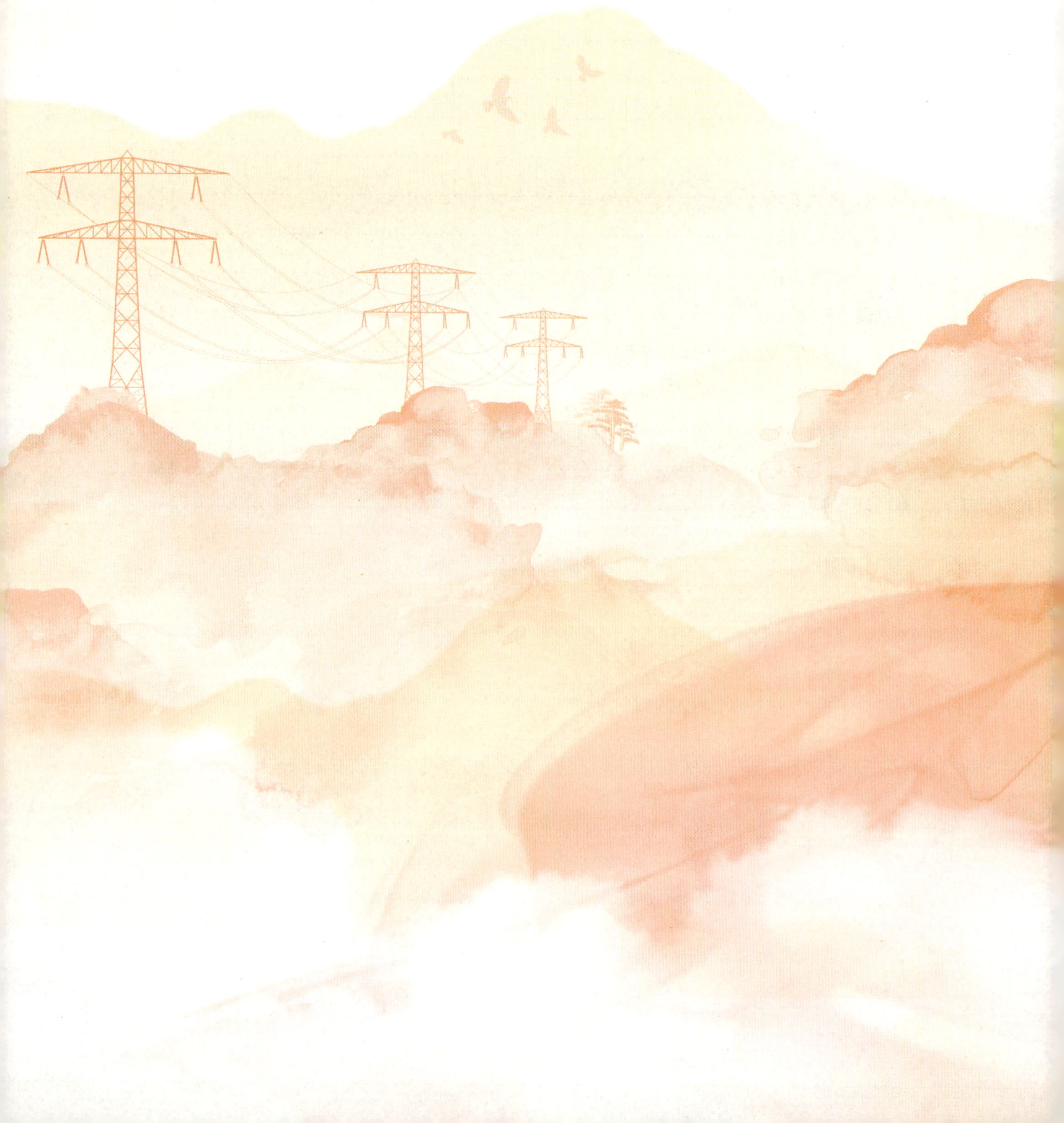

第一章　党员教育

党员教育是党的建设基础性经常性工作，是党的各级组织为保持党员队伍先进性和纯洁性，教育引导党员坚定共产主义远大理想和中国特色社会主义共同理想，增强党性、提高素质，认真履行义务，正确行使权利，充分发挥先锋模范作用的过程。

一　基本任务

根据《中国共产党党员教育管理工作条例》，党员教育包括政治理论教育、政治教育和政治训练、党章党规党纪教育、党的宗旨教育、革命传统教育、形势政策教育、知识技能教育共七项基本任务。

（一）政治理论教育

1. 深入学习贯彻习近平新时代中国特色社会主义思想

把习近平新时代中国特色社会主义思想作为必修课，读原著、学原文、悟原理，深刻理解习近平新时代中国特色社会主义思想的重大意义、科学体系、丰富内涵、精神实质、实践要求，做到真学真懂真信真用。重点包含以下四个方面：

★ **党的二十大精神。** 深刻领会大会主题，过去 5 年的工作和新时代 10 年的伟大变革，开辟马克思主义中国化时代化新境界，新时代新征程中国共产党的使命任务，中国式现代化的中国特色和本质要求等。用好《党的二十大报告辅导读本》《党的二十大报告学习辅导百问》等辅导读物。

★ **习近平新时代中国特色社会主义思想理论体系。** 全面准确把握习近平新时代中国特色社会主义思想的科学内涵和精神实质，把握好习近平新时代中国特色社会主义思想的世界观和方法论，坚持好、运用好贯穿其中的立场观点方法。

★ **习近平总书记系列专题论述摘编。** 学习习近平总书记发表的系列讲话、重要论述摘编、从政实践经历的系列工作文集，如《习近平著作选读》《习近平谈治国理政》《习近平关于全面从严治党论述摘编》《习近平新时代中国特色社会主义思想学习问答》《之江新语》《习近平的七年知青岁月》《梁家河》《习近平在正定》等。

★ **习近平总书记重要讲话和重要指示批示精神。**及时跟进学习习近平总书记关于发展国有经济、能源电力事业和本地区工作的重要论述和重要指示批示精神，提高运用党的创新理论解决实际问题能力，如习近平总书记视察南瑞集团、中新天津生态城智能电网综合示范服务中心、国家电投黄河水电太阳能电力有限公司西宁分公司等地作出的重要指示批示精神等。

◆ **典型案例**

某党支部多维管理强化党员系统学习习近平新时代中国特色社会主义思想。"线上学习"日分享，党支部微信群第一时间分享习近平总书记最新重要讲话、指示批示精神。"读书感悟"周研讨，每周组织党员在党建阵地研读《习近平谈治国理政》等理论原著，邀请劳模作读书分享。"主题党日"月宣讲，每月固定一天，明确一个主题，通过党支部班子讲党课、外部专家宣讲等，组织全体党员深入学习习近平新时代中国特色社会主义思想。

2. 学习党的基本理论、基本路线、基本方略

学习毛泽东思想、邓小平理论、"三个代表"重要思想、科学发展观、习近平新时代中国特色社会主义思想等党的行动指南，如《毛泽东选集》《邓小平文选》等。

◆ **典型案例**

某党支部把学习党的基本理论、基本路线、基本方略作为党支部学习的经常性内容，以"重点辅导＋规定篇目"相结合的学习方式，促进党员提高理论水平，更好指导工作实践。邀请地方党校专家教授通过"坚持党对一切工作的领导""坚持以人民为中心""坚持新发展理念"等专题，结合党支部工作进行重点辅导；明确《反对本本主义》《实践论》《矛盾论》等重点学习篇目，组织党员谈体会、讲收获，党支部学习氛围日益浓厚。

3. 学习马克思主义基本原理

学习马克思主义哲学、政治经济学和科学社会主义，掌握马克思主义科学体系的基本理论、基本范畴，理解马克思主义中国化时代化"六个坚持"的重要内涵，如《共产党宣言》《马列主义经典著作选编（党员干部读本）》等。

◆ **典型案例**

　　某党支部为帮助党员深刻理解、灵活运用马克思主义基本原理，创新"三步走"工作法。一是制定任务清单明确学习内容。认真遴选辅导读物，分内容分节点制定学习清单，分阶段分目标制定任务清单，明确学习内容和频次。二是定期研讨交流深化认识。结合"三会一课"、主题党日等，举办读书分享会，组织党员结合工作实际谈认识、谈收获、谈体会，通过广泛的交流、思维的碰撞，提高学习的深度。三是坚持学以致用促进转化。结合"党建+"工程等工作，组织党员开展岗位实践，引导党员自觉用马克思主义基本原理指导实践、推动工作，确保学有所用。

4. 学习党的基本知识

　　学习党的性质、宗旨、纲领等包含党员应知应会的基本知识的相关书籍、教材，如《新时代党员应知应会300条》《党员应知应会手册》《党的基本知识简明读本》等。

◆ **典型案例**

　　某党支部为全面提高党员党的基本知识水平，组织"学讲考"系列活动。一是以书促学，购买党员应知应会基本知识的相关书籍，从中摘录党的基本知识和基本理论等内容，为党员提供精细化的学习资料。二是以讲促学，党支部将相关书籍资料按章节为每一名党员分配教学任务，并在教学课堂设立互动交流环节，实现"老师"和"学生"双向提高。三是以考促学，党支部举办应知应会基本知识考试，将考试成绩与党员当月绩效和年度评先评优挂钩，促使党员全面深入学习。

（二）政治教育和政治训练

1. 教育党员旗帜鲜明讲政治

　　加强政治忠诚教育，引导党员坚定执行党的政治路线，提高政治觉悟和政治能力，忠诚拥护"两个确立"，增强"四个意识"，坚定"四个自信"，做到"两个维护"，在思想上政治上行动上同以习近平同志为核心的党中央保持高度一致。

◆ **典型案例**

　　某党支部开展"永远跟党走"主题研学行活动，走入当地红色教育基地讲党课，重走先辈光辉路，坚定道路自信。党支部书记、先进典型开讲专题党课，坚定理论自信。组织老、中、青三代党员讲授微党课，回顾光辉岁月，铭记伟大成就，在砥砺初心中坚定制度自信。组织党员共唱红色歌曲，在唱响红色旋律中坚定文化自信。

2. 严格党内政治生活锻炼

认真学习《关于新形势下党内政治生活的若干准则》，充分发挥党内政治生活的平台作用、熔炉作用，引导党员持续提升党的意识。用好党的组织生活制度，积极开展批评和自我批评，增强党内团结。

◆ **典型案例**

某党支部利用每年开展的组织生活会，组织党员深度开展批评和自我批评，着力提高党员党性修养、提升党的意识。一是列出谈心谈话安排表，让党员之间充分交流思想，根据一年来的思想和工作表现，有针对性地相互提出意见建议。二是组织党员对照党章、对照习近平总书记重要指示批示精神、对照合格党员标准、对照入党誓词、对照上级党组织重点工作部署，从思想、作风、落实等方面查找自己存在的问题，总结一年来的不足。三是在组织生活会上严肃开展批评和自我批评，真正做到自我批评深刻具体，相互批评诚恳直言。党员思想更加统一、目标更加明确，队伍凝聚力、战斗力显著提升。

3. 严守政治纪律和政治规矩

把坚决做到"两个维护"作为首要政治纪律，持续深入开展忠诚教育，把党章党规党纪作为必修课，教育引导全体党员牢记"五个必须"，严防"七个有之"，始终对党忠诚老实，在重大政治原则问题上、大是大非问题上同党中央保持一致。严格执行《中国共产党纪律处分条例》，严肃查处违反政治纪律的行为，通过严明政治纪律带动党的其他纪律严起来。坚持民主集中制，在研究党支部重大事项时，充分发扬党内民主和正确实行集中有机结合，防止出现议而不决、决而不行的问题。

◆ **典型案例**

某党支部以教育引导全体党员严守政治纪律和政治规矩为目标，开展忠诚教育。一是重温入党誓词，组织党员回顾入党经历。二是党支部书记逐字逐句领学"五个必须""七个有之"的具体内容。三是开展交流研讨，组织党员对照相关内容谈认识、谈体会、谈差距，谈如何以实际行动忠诚拥护"两个确立"、坚决做到"两个维护"。

（三） 党章党规党纪教育

1. 遵守党章党规党纪

党支部每年至少组织 1 次党章专题学习，"七一"前夕可组织党员重温入党誓词，教育党员牢记初心使命、永葆先锋本色，用好《二十大党章修正案学习问答》等辅导读物。认真学习《中国共产党党员教育管理工作条例》《中国共产党国有企业基层组织工作条例（试行）》《中国共产党支部工作条例（试行）》《中国共产党党员权利保障条例》等各类党内规章制度，坚持对照合格党员标准做好检视，看一看思想上有没有懈怠，找一找行动上有没有偏离，查一查落实上是不是有力。

◆ **典型案例**

某党支部根据自身负责工程项目管理的特点，在工作中逐步形成了常态化开展党章党规党纪教育的机制。一方面，在"三会一课"或主题党日中，将党章党规党纪作为必学内容，滚动学习党章、《中国共产党纪律处分条例》等规章制度。另一方面，密切关注工程项目管理相关的公司系统内外违规违纪案件通报，将其作为党支部重要学习资料，对照相关制度管理要求和党规党纪具体条目，开展案例分析和交流研讨，引导党员时刻注意"红线"、不触"底线"。

2. 尊法学法守法用法

学习国家法律法规、社会主义核心价值观，如《宪法》《民法典》《新时代公民道德建设实施纲要》《新时代爱国主义教育实施纲要》等，教育党员提高法治意识，带头尊法学法守法用法，带头践行社会主义核心价值观，做新时代合格共产党员。

◆ **典型案例**

某党支部为增强党员法治意识，在 12 月 4 日国家宪法日以"尊崇宪法、学习宪法、维护宪法"为主题，组织开展主题党日活动。首先，由党支部书记做主题辅导，讲述学习宪法的重要意义，对宪法序言重点内容进行解读。随后，观看宪法宣传动画短片《宪法守护一生》《感受宪法的力量》。最后，组织党员交流学习体会。通过学习，党支部党员对宪法的认识更加深入，遵从宪法、捍卫宪法的意识更加突出。

（四）党的宗旨教育

1. 增强党员宗旨意识

在党支部日常教育中，要持续加强党的群众路线教育，引导党员牢记初心使命，密切联系服务群众，牢记"供好电、服好务"的主业主责，增强面对面、心贴心、实打实做好群众工作的意识，为群众办实事，解决群众急难愁盼的具体问题。党支部可结合党员服务队、党员突击队、党员责任区、党员示范岗建设和"三亮三比"活动，通过志愿服务、承诺践诺等方式，在实际工作中引导党员增强服务意识，把践行党的根本宗旨与"人民电业为人民"的企业宗旨结合起来。

2. 提高服务群众本领

党支部要注重提升党员服务群众的能力，要敢于面对群众的疑难问题，及时解决群众的合理诉求；要引导党员换位思考，站在群众利益的角度上想问题、办事情，把群众的事情放在心上；要深入群众，及时了解群众生产生活特别是用电需求，为群众办实事、解难题。党支部可结合工作实际，依托党员服务队建立"光明驿站"、电力服务站，开展"村网共建、便民服务"等工作，引导党员在工作实践中不断提升综合能力和专业水平。

◆ **典型案例**

案例1：某党支部将"岗区队"创建融入能源发展、安全保供、优质服务等重点工作。以1个示范岗结对服务多个用电客户，1个党员责任区部署落实多项服务举措的"1+N"服务模式，深入重要企业、医院、学校等开展"双碳"知识宣传、用电安全隐患排查、设备义诊等活动。建立日常检查监督制度，对责任党员进行跟踪管理，将活动成效嵌入绩效考核、党员评价中，全力营造"比学赶帮超"的良好氛围。

案例2：某供电所党支部在规范抓好"三会一课"和主题党日的基础上，创新抓实党的宗旨教育，精心筹划"传承雷锋精神"知识挑战赛、"学党史、悟思想、守初心"演讲比赛、弘扬伟大建党精神征文等活动，从思想上激励党员牢记党的宗旨，永葆为民本色。开展"牢记宗旨、为民服务"主题实践活动，组织党员走访客户、现场办公，解决群众关心的葡萄灌溉、冷库安全用电等问题，以实际行动当好电力先行官、架起党群连心桥。

（五）　革命传统教育

1. 引导党员学习"四史"

引导党员加强党史、新中国史、改革开放史和社会主义发展史的学习，了解重大事件、重要会议、重要文件和重要人物，了解党的光荣传统、宝贵经验和伟大成绩，做到知史爱党、知史爱国，常怀为党之责、强党之志。

2. 传承中华优秀传统文化

加强中华优秀传统文化学习。学好用好《习近平用典》《平"语"近人——习近平总书记用典》等著作、教材，重温中华民族五千年文明历史，汲取精华。学习历代爱国人物事迹，抒发爱国情怀，增强文化自信。

3. 弘扬党的优良传统

铭记党的奋斗历程，弘扬党的优良传统，传承红色基因，激发爱国主义热情。党支部可在组织学习书籍资料之外，利用本地红色资源、文化资源和教育基地，通过就近就便瞻仰观摩、红色主题观影等活动，形式多样地开展学习，加强爱国主义、社会主义教育。

◆ 典型案例

某党支部利用临近烈士陵园的优势，每年在清明、七一、国庆等特殊时间节点，组织开展"走进烈士陵园、祭奠革命英烈"等主题党日活动。在烈士纪念碑前，全体党员鞠躬默哀、敬献花篮、重温入党誓词，表达对革命先烈的追思敬意。随后，组织党员为烈士们敬献鲜花、清扫墓碑，为群众讲述英烈事迹，深切缅怀革命先烈，引导党员传承红色基因、弘扬革命精神，把伟大建党精神继承下去、发扬光大。

（六）　形势政策教育

1. 深刻认识世情国情党情

认真学习和领会党的路线方针政策，增强贯彻执行党和国家重大决策、推进落实重大任务的能力和决心。了解世情国情党情，提高党员正确认识形势、科学分析形势、顺应发展大势、把握发展规律的能力。

2. 充分了解电力行业形势

了解电力行业在"双碳"目标推进、新能源快速发展的新形势下的技术、制度等发展情况，了解现代能源体系建设、能源领域科技创新进展情况，增强对电力行业的整体了解和认识。

3. 全面掌握企业发展形势

认真学习公司"两会"、年中工作会、季度工作会等重要会议精神，掌握新型电力系统建设、电力保供、能源转型等重点任务要求，增强对贯彻执行各项重大部署、重要任务的思想认识。

◆ 典型案例

某党支部承担公司发展规划专业工作，在每次中央会议，以及上级单位和本单位"两会"、年中工作会、季度工作会等重要会议后，及时梳理形势任务的变化，着重关注与本行业、本单位、本专业相关的内容。一是及时组织学习，确保党支部党员了解最新政策要求，增强对贯彻执行各项重大部署、重要任务的思想认识。二是邀请宣讲团宣讲会议精神、组织党员参加论坛讲座等方式，针对性加强形势政策教育，深度了解新形势新要求。三是及时梳理工作，第一时间将最新要求落实在当前和今后的工作中，特别是与公司生产经营管理关系密切的政策变化，迅速展开研究，形成专题报告，为公司党委科学决策提供支撑。

（七）知识技能教育

1. 掌握业务知识和实用技术

根据党员岗位职责要求和工作需要，督促党员学好学精安全生产、营销服务、运维检修等专业知识。党支部可结合主题党日，围绕本专业重点难点工作，在理论学习的基础上，组织业务骨干党员讲授业务技能知识，组建党员攻关团队，开展技术攻关。

2. 提高综合素质和履职能力

结合党员履行岗位职责需要，引导党员持续优化知识结构，积极开展经济、文化、社会、哲学、历史等基础性知识学习，开展互联网、大数据、人工智能等新知识新技能学习，帮助党员完善基本知识体系，提高科学人文素养，克服本领不足、本领恐慌、本领落后的问题。要鼓励党员参加专业竞赛、专业培训等，提升技术技能水平；可结合党支部"三亮三比"活动，运用"导师带徒"、集中攻坚等方式，常态引导党员提升能力、创先争优。

（八）常见问题

问：在学习贯彻习近平新时代中国特色社会主义思想中，对党支部班子成员有什么要求？

答：党支部班子成员应当坚持更高标准、更严要求，全面学、系统学、贯通学、深入学、跟进学，自觉用其武装头脑、指导实践、推动工作。党支部书记、副书记、党支部委员要带头学习，发挥好示范表率作用。

问：如何有效解决党员在学习党的创新理论中存在的学习内容"高大上"、与自身实际工作距离远等问题？

答：在学习中要注意解决党员关注的热点、难点、疑点问题，从理论与实践的结合上给予解答，使党员在思想上受到启发，理论上得到武装，增强信心，提高本领，卓有成效地做好工作。要把学习党的创新理论同学习党章结合起来，同开展党内的各种活动结合起来，同推动高质量发展结合起来，教育党员关心和了解改革发展大局，紧密联系本单位工作实际，密切联系群众，在本职工作中积极地为推动发展想实招、办实事、比服务、讲奉献。

二 集中教育

党内集中教育是开展党员教育、加强党的建设的重要途径。开展党内集中教育，是解决党内存在的突出问题、加强党的自身建设的重要措施。"集中"首先是指在全党范围内的集中，其次是指集中一段时间；"教育"首先是进行马克思主义教育，然后是有组织、有计划、有步骤地进行教育。

党的十八大以来，党中央围绕坚定理想信念、改进作风、激励干部担当作为等问题，先后部署开展了党的群众路线教育实践活动、"三严三实"专题教育、"两学一做"学习教育、"不忘初心、牢记使命"主题教育、党史学习教育、学习贯彻习近平新时代中国特色社会主义思想主题教育等党内集中教育。

（一） 主要职责

党支部应当按照党中央部署要求，落实上级党组织具体安排，密切联系自身实际，组织党员认真参加党内集中教育，引导党员围绕集中教育主题，深入学习党的创新理论，查找解决自身存在的突出问题。

（二） 重点措施

1. 牢牢把握主题

把主题贯穿集中教育的全过程，是开展好集中教育的基本要求。要严格按照党中央统一部署，深刻理解领会集中教育的目的和意义，结合实际制定方案组织实施，做到把握主题不偏离，规定动作不走样，自选动作有特色，确保集中教育取得实效。

2. 组织专题学习

围绕集中教育主题，明确学习重点内容，确定必读必学的书目和篇目。通过"三会一课"、主题党日等方式，组织全体党员开展集中学习，并在此基础上深入研讨交流，做到入脑入心、学以致用。可通过参加上级党组织的集中轮训、理论宣讲、在线学习培训和典型教育、案例教育、警示教育等，丰富学习教育形式，增强学习的针对性、实效性和感染力。

◆ **典型案例**

案例1：某公司本部党支部和供电所党支部在党史学习教育中，联合开展"学党史、悟思想、办实事、开新局"主题党日活动，专题学习习近平总书记在庆祝中国共产党成立100周年大会上的重要讲话精神，两个党支部的党员结合思想和工作实际，谈认识、谈体会、谈差距、谈措施。学习结束后，党员们前往红军遗址开展红色教育，现场听老红军讲党课，引导广大党员把党的光荣传统和优良作风传承好、发扬好。

案例2：某党支部创新专题学习，推出"五微讲堂"，即班组微讲堂、视听微讲堂、老兵微讲堂、实践微讲堂、团青微讲堂，送教下基层，增强学习教育的实效性和覆盖面。创新多维红色专题学，利用属地红色资源，唱红色歌曲、听红色故事、寻红色足迹、颂红色经典、展红色作品，促进在学党史、悟思想方面持续发力。

3. 加强工作调研

重点围绕贯彻落实上级决策部署、解决本单位本部门存在的突出问题和群众反映强烈的热点难点问题、坚持党的领导、加强党的建设、推进改革发展稳定各项工作等，到基层一线、工程现场和条件艰苦、情况复杂、问题突出的地方深入调研，切实摸清真实情况，拿出解决问题、改进工作的实招、硬招。调研结束后，及时梳理调研情况，结合学习研讨交流调研成果，把调研成果转化为解决问题的具体行动。

◆ **典型案例**

案例1：某党支部在"不忘初心、牢记使命"主题教育中，通过访、问、看开展社区调研，结合社区需求试点开展"党建共建、政企融合"。一是访社区，了解社区电力需求，融入社区网格管理团队，建立快速需求反馈渠道。二是问居民，掌握居民对电力服务的实际期盼，针对性制定提升措施。三是看特点，分析社区住户构成，了解用电倾向，开展"电力设施美化""电力小讲堂"等特色服务。通过调研，党支部在社区落实"查隐患、扩通道、保供电、授人渔、架心桥"五项措施，有效解决客户诉求得不到快速准确响应的问题。

案例2：某党支部在党史学习教育中坚持问题导向，结合牧区群众办电难题，组织开展"优化电力营商环境"专题调研，通过现场调研、走访牧民、网络征求意见等多种方式，问计于民，征求各方意见建议，着力解决偏远牧区群众办电难题，大力推广线上办电服务，线上办电率实现100%，让客户"一次不跑"就能办理业务，进一步拓宽用户办电业务新途径，持续巩固"我为群众办实事"活动成果。

4. 开展实践活动

突出集中教育的实践性，坚持学做结合、知行合一，结合党中央部署正在做的事情，结合公司担负的重要职责使命，组织党员积极主动参与各类实践活动，把在集中教育中激发出的工作热情和进取精神转化为干事创业的动力，进一步强化党员党的意识，但要避免随意化、平淡化，更不能娱乐化、庸俗化。

◆ **典型案例**

案例1：某党支部在党史学习教育中，把学习党史同总结经验、推动工作结合起来，围绕商贸小镇、特色农业小镇、乡村旅游开发等重点项目，实施"一村一品"定制服务，党员提前对设备线路进行改造、维护，为乡村经济发展提供可靠保障。组织党员利用业余时间在便民服务中心和村党群服务中心开展驻点服务，定期对供电设备线路进行安全隐患排查，分专业、按类别开展精准处置，彻底解决过节度假、用电高峰时段用电难问题，真正把党史学习教育成果转化为工作动力和实践成效，以看得见、摸得着的变化，提升人民群众获得感、幸福感。

案例2：某党支部在党史学习教育"我为群众办实事"中，大力推进供电服务下沉和触角外延，深入践行"表后线"改造工程，通过与村委共建联建、上门排查线路问题、联合开展线路整治、推广"全电厨房"、新能源车等措施，解决"网红村"村民家庭"表后线"线径过细、破损严重等用电瓶颈，提升乡村电气化水平，改善乡村居民安全用电环境，做好农村"最后一米"用电服务。

5. 深入查摆问题

党支部和党员要针对集中教育着力解决的问题，通过谈心谈话、召开座谈会、设立意见箱、发放征求意见表、新媒体留言等多种方式，实现群众提、自己找、上级点、互相帮、集体议相结合，广泛听取意见建议，真正把问题找实、把根源找深。检视剖析要形成问题清单，明确整改措施、责任对象、完成时限等，并在一定范围内公示，接受各方面监督。

◆ **典型案例**

案例1：某党支部对照党史学习教育目标要求，以群众提、自己找、互相帮为主要方式，全面查找党支部党员存在的问题。一是召开座谈会，请客户群众提出党支部党员在为群众办实事上还有哪些差距，在解决群众急难愁盼的问题上还要怎么改进。二是组织党员自查，深入剖析在坚定理想信念、增强历史自觉、弘扬优良传统、加强党性锤炼等方面还存在哪些差距。三是召开党员大会，相互指出岗位工作与工作标准存在的差距，是否存在违章违规行为等。通过多种方式、多方参与，找准找实存在的问题，为针对性地改进提升奠定基础。

案例2：某党支部在"不忘初心、牢记使命"主题教育中，坚持将群众的利益摆在首位，敢于直面联系群众、服务群众方面存在的问题。通过组织开展"面对面·心连心"全客户大走访活动，畅通与客户之间的沟通渠道，广泛收集客户和群众的意见建议，归纳整理形成问题清单，制定整改落实措施，在党支部宣传栏公示，自觉接受群众监督。

6. 抓好整改落实

党支部要认真组织开展问题整改落实工作，把整改落实情况作为检验集中教育工作成效的重要评判依据。紧盯问题清单，定期跟踪、逐一销号，并健全完善相关长效机制。针对集中教育中特别明确的专项整治问题，要盯住不放、持续深化推进，确保见到成效、看到变化。

◆ **典型案例**

案例1：某党支部聚焦党史学习教育查找的服务群众可靠用电方面的突出问题，开展专项整改行动。一是明确要求，将群众满意度作为问题整改工作成效的重要依据，纳入党员绩效考评。二是优化机制，党支部组建攻关"柔性团队"，对重难点问题进行集中攻坚。三是定期走访，党支部班子成员分别现场走访调查问题整改情况，确保问题整改彻底、群众满意。

案例2：某党支部针对党员在"不忘初心、牢记使命"主题教育中查摆问题较多的情况，抓实问题整改。一是统一思想，对党支部党员勇于查摆问题的态度给予充分肯定，积极争取资源，坚定党员信心。二是强化管控，组织党员每月简要报告整改措施落实情况和遇到的新问题，困难较大的由党支部协调力量帮助解决。三是"举一反三"，对于已完成的整改事项，开展自查自纠，确保不留"尾巴"、改必改好。

（三）常见问题

问：党支部是否可以根据自身工作实际，调整集中教育的主题？

答：党支部必须紧扣党中央明确的集中教育主题，不能自己变更主题。可以在集中教育各重点环节中，结合党支部自身实际，注重深入学习与党支部工作关系密切的内容，开展相应实践活动。

问：党支部工作任务重、工期紧的时候，能否根据实际调整集中教育内容？ >>>

答：集中教育由党中央统一部署，党支部要不折不扣落实每一项工作要求，不得搞变通、走过场。党支部工作任务重、工期紧的时候，更加需要通过集中教育，凝聚党员力量。具体的开展形式可以更加灵活，比如将集中学习安排在工程一线，结合工期合理安排等。

问：在集中教育专题学习时，打算再补充一些业务学习、其他方面知识的学习，这方面应该如何把握？ >>>

答：近年来，党内集中教育一般聚焦学习党的创新理论，对一些业务学习、其他方面知识学习等内容，不纳入集中教育学习内容。同时学习研讨也不能偏离主题，防止以业务研讨代替理论学习，以工作交流代替思想碰撞。

问：党支部在集中教育中能否跨区域开展红色教育、工作调研等？ >>>

答：按照中央要求，党支部应在工作管辖范围之内，就近就便开展红色教育，原则上不跨区域。集中教育中的工作调研等其他工作可结合实际进行，原则上不跨区域开展。

问：集中教育期间，党员因病因事无法在党支部参加应该怎么办？ >>>

答：对年老体弱、行动不便、身患重病甚至失能的党员，其日常组织活动和开展学习教育不作硬性要求。党支部可通过送学上门、走访慰问等方式给予更多关心照顾，将党内集中教育的相关要求和党支部具体开展情况向其简要介绍。需要长期出差或参加培训的党员，应在工作或培训所在地党支部参加集中教育，没有特殊情况不得缺席。短期因事无法参加集中教育的，要及时"补课"，完成各项工作安排，保证集中教育实际效果。

三 经常性教育

党员经常性教育是开展党员教育工作的重要方式。党支部担负直接教育党员的职责，要通过经常性教育，达到提高党员思想政治素质，增强党员工作能力，发挥党员先锋模范作用的目标。

（一） 组织生活

党支部要落实好"三会一课"、主题党日、组织生活会、民主评议党员、谈心谈话、报告工作等组织生活基本制度，持续加强党员思想教育和党性锻炼。

1. "三会一课"

党支部党员大会、党支部委员会会议、党小组会和党课，是党支部开展党员经常性教育最主要的形式。党支部要根据上级安排和年度学习计划，有目的、有步骤地组织开展党员教育。

党支部党员大会组织党员学习党的创新理论，学习党章党规党纪，学习党的路线、方针、政策和上级党组织的决议、决定、指示，开展形势政策任务教育等，实现党员接受日常教育全覆盖、有保证、见实效。**党支部委员会会议**在讨论研究贯彻执行党的路线、方针、政策和上级党组织决议、决定、指示中，应结合党支部工作实际，进一步加强对有关精神的学习理解和领会。**党小组会**注重突出对党员的政治学习和教育，督促党员强化理论武装，提高党员的政治素质和思想水平。**党课**要围绕各个时期的党的中心工作，结合本单位党员状况和生产生活实际，有针对性地、形式多样地进行教育。要坚持突出党性、理论联系实际的原则，不断增强吸引力感染力。

党支部要用好"三会一课"这一重要载体，对党员进行政治理论教育、党章党规党纪教育、党的基本知识教育、党的优良传统作风教育、合格党员教育等，增强党员党的意识，使他们在各自岗位上自觉发挥先锋模范作用。

2. 主题党日

主题党日要注重强化政治功能，依托集中学习、红色教育、岗位实践、志愿服务等形式，开展党章党规党纪教育、党的宗旨教育、革命传统教育、知识技能教育等，增强党员党的意识、提高党员素质能力、激励党员发挥作用。

3. 组织生活会

组织生活会以交流思想、总结经验教训、开展批评和自我批评为中心内容，引导党员以严肃认真的态度，结合规定内容的学习开展好对照检查，正确对待自身存在的问题、正确对待群众提出的意见、正确对待谈心谈话提出的问题等，通过开展批评和自我批评、总结梳理整改事项、作出整改承诺，达到教育管理党员、增强党组织凝聚力战斗力的目的。

4. 民主评议党员

民主评议党员是基层党组织按照党章规定的党员标准，通过对党员的正面教育、自我教育和党内外群众的评议，以及党组织的考核，对每个党员在各项工作中的表现和作用作出客观的评价，并通过组织措施，达到激励党员、纯洁组织、整顿队伍的目的。通过民主评议党员，表彰先进，严肃处置不合格党员，可以保持党组织的先进性和纯洁性，提高党员队伍的整体素质。

5. 谈心谈话

谈心谈话是党内同志之间相互交流思想、交换意见的一种形式。党支部书记应当注重分析党员思想状况和心理状态，经常同党员谈心谈话，有针对性地做好思想政治工作，达到沟通思想、解决矛盾、增进团结的效果。

6. 报告工作

报告工作要求党员每年向党支部或党小组汇报执行党组织的决议和本人的思想、工作、学习及开展群众工作等情况。党支部或党小组要向党员提出改进意见和建议，帮助党员持续提升。

落实组织生活制度的具体要求详见《组织生活指引》。

（二）　集中培训

1. 培训要求

★ **党支部书记、副书记培训。**党支部书记、副书记每年参加集中培训和集体学习时间不少于 56 学时，至少参加 1 次集中培训。新任党支部书记一般应在半年内进行任职培训。注重发挥优秀党支部书记"传帮带"作用。

★ **党支部委员培训**。党支部委员每年参加集中培训和集体学习时间不少于 56 学时，至少参加 1 次集中培训。具备条件的单位可组织开展党支部委员专题培训，特别是抓好新任党支部委员培训，提升党务工作专业能力。

★ **党员培训**。党员每年参加集中培训和集体学习时间一般不少于 32 学时，原则上每 5 年至少参加 1 次集中培训。预备党员在预备期内和转正后 1 年内一般各参加 1 次由上级党组织组织的集中培训。对生产经营岗位党员，重点加强党员意识、党的优良传统等教育培训；对服务窗口岗位党员，重点加强宗旨意识、廉洁警示教育、优化营商环境等教育培训；对管理岗位党员，重点加强公司发展战略、国有企业改革等教育培训；对民族地区党员，重点加强党性意识、中华民族共同体意识和马克思主义国家观、历史观、民族观、文化观、宗教观等教育培训；对驻外机构党员，重点加强人类命运共同体意识、"一带一路"建设、国企党建等教育培训。

2. 培训方式

集中培训应综合运用讲授式、研讨式、模拟式、互动式、观摩式和体验式等教学方法。

★ **讲授式培训**。采用专题讲座、报告会、讲习所等载体，重点围绕党的创新理论、中央重要会议精神等深入解读阐述。党支部在实际工作中，可采用邀请上级党员领导干部、外部专家学者、公司党务工作内训师等开展讲授式培训。

★ **研讨式培训**。通过案例分析、交流研讨等方式，引导党员掌握提高党建工作质效的方法，提升专业能力。可采用"两个带来"（带来案例、带来问题）的方式，提前思考党建工作、个人思想等方面的经验做法和存在问题，列出研讨主题，开展交流研讨。

◆ **典型案例**

案例 1：某党支部组织党员围绕"如何发挥共产党员服务队作用"开展研讨式培训。党支部党员共同学习优秀共产党员服务队先进事迹，对照先进查找自身在服务队机制建设、服务覆盖面、服务针对性等方面存在的问题，分组展开讨论并提出对应解决措施，总结形成提升改进方案。通过案例学习、小组讨论、分组陈述、总结提升四个环节，引导党员以身边典型为学习榜样，推动为民服务常态化、长效化。

案例 2：某公司安全监察部党支部积极组织开展研讨式培训，组织党建专家、安全管理专家将"微党课""微安课"设置在作业现场，开展巡回讲堂宣贯党建业务和安全典型案例等知识。组织党员带头围绕"如何在岗位践行党员身边无违章""如何防范风险挑战""如何增强安全意识"等话题展开安全生产攻坚大讨论，以"小案例"解决"大问题"，将安全宣教工作充分融入"党建＋安全生产"工程，引导党员干部切实增强安全责任意识。

★ **模拟式培训。**结合实际需要，运用情景模拟演练、行动学习等方式，组织党员在学做结合中快速掌握专业技能、解决实际问题，达到活学、真懂、会用的目的。

◆ **典型案例**

案例1：某党支部将谈心谈话工作搬上讲台，开展"如何开展谈心谈话"培训，情景模拟谈心谈话工作流程，现场回应党员困惑和疑虑，推动谈心谈话高标准谋划高水准落实。聚焦谈心谈话"怎么谈"，讲授"线上＋线下""集中＋个人"线下走访、问卷调查式谈心谈话案例，模拟开展线上云调查、视频电话式谈心谈话，让"重点关注、普遍谈心"深入人心。聚焦谈心谈话"谈成什么样"，以年、季、月分类细化梳理谈心谈话安排表，围绕团员青年、生活困难职工、离退休党员干部特定谈话对象，开展"双向谈""走访谈"现场互动，进一步掌握谈心谈话技巧。聚焦谈心谈话"谈后怎么办"，围绕"消除隔阂、诫勉提醒、帮助提高"目标，探讨如何优化建立整改"督办单"、成效"评价单"和解决说到做到"两张皮"问题，引导党支部党员全力做好谈心谈话整改提升工作。

案例2：某党支部举办"重走长征路情景沙盘"培训班，开启一场身临其境的党史学习之旅。课程将党员分成4个小组，围绕"翻越夹金山""四渡赤水""飞夺泸定桥""腊子口战斗""会宁大会师"等党史场景，将团队合作、党史知识竞猜、红色经典朗诵、头脑风暴带入课堂，通过沙盘演练、问答、抢答等教学方法，让党员从党史教育"接受者"转为党史进程主动"参与者"，引导党员设身处地地感受红军长征所经历的艰难困苦，坚守初心使命，走好新时代的长征路。

★ **互动式培训。**灵活运用现场分享、座谈交流、学习论坛、知识竞赛等方式，提高党员参与感，激发学习的积极性和主动性。可结合培训主题，选好各领域各专业的生动鲜活案例，开展案例培训，加强业务交流。

◆ **典型案例**

案例1：某党支部组织开展"以廉保家、以责兴家"互动式培训，党支部全体党员及党员家属参加培训。党支部纪检委员结合现实案例，剖析当前的反腐倡廉形势和家庭助廉的紧迫性。参培党员家属逐一对反腐拒腐和家庭助廉分享心得体会，共同宣读了《争做"廉内助、贤内助"倡议书》。通过互动式培训，引导党支部党员知敬畏、守底线，提升了党员家属反腐拒腐的意识，筑牢夯实了拒腐防变的家庭"堤坝"。

案例2：某党支部拓展党员教育培训新模式，将日常一人讲、众人听的"灌输式"培训方式转变为"授学互动"的灵活培训方式。通过在党员教育培训中设置现场答疑环节、现学现问现考，并综合运用模拟沙盘、分享交流等形式，激发教学双方的积极性和主动性，拓展党员创造性思维，让培训更有吸引力。

★ **观摩式培训**。组织党员到标杆单位、示范基地、现场教学点等观摩学习，开展党支部组织生活展评等活动，促进交流互鉴。可探索"课堂＋实地"的模式，深入电网先锋党支部、金牌（优秀）共产党员服务队，与基层优秀党支部书记、共产党员服务队队长开展学习交流，实现取长补短、共同提高。

◆ **典型案例**

案例1：某党支部组织全体党员到获评中央企业先进基层党组织的兄弟单位，开展党支部标准化建设观摩式培训。通过实地参观党支部活动阵地建设、翻阅党支部台账资料、现场观摩共产党员服务队工作、围绕党支部建设与业务深度融合座谈交流等，全面了解"三会一课"、主题党日、党风廉政教育、队伍提质以及党支部创新工作开展情况，现场找差距、补短板。通过现场观摩学习，党支部全体党员对于自身工作存在的不足，有了更深刻、更直观的认识，对接下来的努力方向更加清晰。

案例2：某党支部在三月"学雷锋月"组织全体党员前往雷锋纪念馆开展观摩式培训，现场观看展厅内的照片和实物，了解雷锋的成长事迹，感受雷锋艰苦奋斗、勤俭节约、无私奉献的精神，并组织党员将雷锋精神与工作实际相结合，立足岗位职责，制定"我为群众办实事"工作清单，全力满足人民群众用电需求，以实际行动向雷锋同志致敬。

★ **体验式培训**。通过就近就便参观红色教育基地，重温入党誓词、过"政治生日"等，让党员在现场教育中经受洗礼、锤炼党性。在开展体验式培训时，可邀请老党员、先进模范人物和身边榜样等，以榜样力量感染人、影响人、带动人。

◆ **典型案例**

案例1：某党支部在党史学习教育中，依托地方红色教育资源，开展体验式培训——"七个一"系列活动（组织1次学习研讨、举行1次政治仪式、接受1次红色洗礼、讲好1次专题党课、开展1次走访慰问、举办1次主题活动、开展1次特色实践）。开展红色教育后，现场组织党史知识有奖问答、唱红歌等多样化的体验式现场教学，教育引导党支部党员追寻先辈足迹、牢记党的宗旨，增强党员党的意识。

案例2： 某党支部为增强党员学习教育的吸引力和实效性，组织开展"重走红军路"体验式培训。通过组织支部党员举红旗、着军装，沿着革命先烈足迹前进，参观赤卫军兵工厂旧址，体验战斗工事，让党支部党员身临其境感受不屈不挠、不畏牺牲的革命精神，激发爱党爱国情怀，进一步提升队伍凝聚力战斗力。

（三）个人自学

党支部应当引导党员根据自身实际和工作需要，利用业余时间开展自学，不断提高思想觉悟、理论水平和业务能力，做到学以致用、知行合一。

★ **制定自学计划。** 党支部在年初引导党员围绕支部年度学习计划、完善自身知识结构等方面制定自学计划，明确自学内容、自学时间和自学要求，列出重点学习篇目，确定学习目标。

★ **明确自学内容。** 要把党的创新理论、党的路线方针政策和党的基本知识作为重要内容，提高理论素养。要根据自身岗位需求和工作需要，学习掌握业务知识，做到"干什么学什么、缺什么补什么"，提高专业技能。

★ **加强支撑保障。** 党支部要了解党员的学习需求，为党员自学提供必要的学习书籍，及时推送学习资料，创造良好的学习氛围，确保党员自学开展得扎实有效。

★ **注重成效检验。** 党支部要督促党员按照自学计划有序推进，采用交流心得、座谈讨论、指派重点业务工作等方式，检验党员学习成效，真正把学习与工作结合起来。

（四）常见问题

> **问：** "党员每年参加集中培训和集体学习时间一般不少于32学时，党支部书记和委员每年参加集中培训和集体学习时间不少于56学时、至少参加1次集中培训"。如何理解和把握学时要求？ >>>

答：根据中组部有关规定，1学时可按50分钟计算，一般1天为8学时、半天为4学时计算。上述"32学时"和"56学时"包括集中培训和集体学习的时间，是参加集中培训、"三会一课"、主题党日等学习时长的总和。值得注意的是，参加上级组织的党员教育类集中培训可计入学时，参加有计划、有组织的党员教育类线上学习也可计入学时，但参加非党员教育类的专业培训、含少量党员教育类课程的综合培训、个人自学不计入学时。

> **问：** 新任党支部书记具体应该如何界定？ >>>

答：新任党支部书记一般是指首次任职书记岗位的党支部书记，不包括之前在其他部门或单位担任过党支部书记的同志。

问：党员集中培训可否在公司系统外的场地进行？ 》》

答：党员集中培训一般应在公司所属各单位党校、培训中心或本单位会议室等场地进行。确因工作需要必须在公司系统外的场地进行的，须按规定列支相关费用。

问：组织开展党员培训，对培训机构有什么规定？ 》》

答：组织开展党员培训，一般应由主办单位党组织组织实施，可委托公司所属各单位党校或培训中心等承办，不能外包给教育培训、文化传播、咨询服务等第三方机构。

四 党员教育信息化

推进党员教育信息化，既是信息化时代发展的客观要求，也是党建工作创新的必然要求。充分运用互联网技术和信息化手段加强党员教育，推进基层党建传统优势与信息技术深度融合，能够使党员教育更加精准、高效、便捷。

（一） 用好线上平台

1. 国家层面

★ **"学习强国"学习平台。**由中央宣传部主管，立足全体党员、面向全社会的优质平台。党支部可将"学习强国"作为党员教育的重要载体，及时跟进学习习近平总书记最新重要讲话精神、党中央部署要求、党的基本知识等内容，通过每日答题、竞赛答题等形式，增强学习的吸引力，切实提高学习效果。

学习强国 App 下载链接：

★ **共产党员网。**由中央组织部主管、中组部党员教育中心主办的党员教育平台，旨在为基层党组织和广大党员提供优秀高效的教育管理服务，是全面从严治党的工作平台、联系服务党员群众的互动平台、广大党员和群众喜闻乐见的精神家园。

共产党员网链接：

★ **中国共产党新闻网。**由中共中央批准，人民日报社人民网承办。该网站秉承"传播党的声音、密切党群关系、推进党的工作、展现党的形象"的宗旨，传播党的指导思想，用鲜活的事例、通俗的理论教育党员干部，是宣传和介绍中国共产党思想、理论、政策、信息的权威网站。

中国共产党新闻网链接：

2. 公司层面

★ **党建信息化综合管理系统**。是公司统一建设推广应用的基层党建专业管理系统，涵盖党建工作、组织管理、党员教育、宣传思想、企业文化、团青统战、综合七大业务，实现党建信息全覆盖采集、党建业务全过程管理，为广大党务工作者提供系统支撑服务，是提升公司党建专业管理水平的重要平台载体。

公司党建信息化综合管理系统网址（仅限内网访问）：

http://dangjian.sgcc.com.cn/publish/00000001/index.html

★ **国网党建 App**。是党建信息化综合管理系统在移动端的延伸，是党（团）员教育、价值传递和服务互动的移动平台，是面向全体员工的党建综合类 App，可以实时了解公司党建要闻，查看党员参与组织生活、党费缴纳等基本情况，具备党支部推送、考试答题、图书馆、精品党课等功能。

国网党建 App 下载链接：

★ **公司门户网站**。是公司信息发布的平台，形势政策教育的主阵地，是党组织和党员作用发挥的展示台，是加强教育传播、立体化拓展党性教育的资源库。

公司门户网站网址（仅限内网访问）：

http://portal.sgcc.com.cn

公司外网门户网站网址（仅限外网访问）：

http://www.sgcc.com.cn

★ **网上党校。** 是国网党校建立的国家电网公司领导人员在线学习平台，设立了以"党性修养"系列课程为核心，以"领导科学、运营管理、综合素养、视野拓展"等为依托的系列课程，全面覆盖党性修养培养、领导能力提升、综合素养打造等内容。

公司网上党校网址（仅限外网访问）：

http://wsdx.sgcc.com.cn

★ **国网高培云课堂。** 是国网高培中心开设的网上教育平台，建立了覆盖党的理论教育、党性教育、党中央国务院重大决策部署宣贯、公司党组决策部署宣贯、公司战略和企业文化、通用管理、专业管理等在内的课程体系，可用于开展政治理论教育，业务技能培训，可组织党员网上参观党性教育基地等。

国网高培云课堂 App 下载链接：

国网高培云课堂网址（仅限外网访问）：

https://pc.sgu.com.cn/sgu/home/iscLogin（有统一权限管理平台 ISC 账号）;

https://pc.sgu.com.cn/sgu/home（无统一权限管理平台 ISC 账号）

★ **国网学堂。** 是公司统一建设运营的集团级在线学习平台，是宣传推介公司方针政策、法律法规、企业文化及规章制度的重要阵地，推广应用新理论、新知识、新技术、新方法的重要平台，是各级各单位组织实施培训考试、知识共享等工作的重要载体。

国网学堂网址（仅限内网访问）：

http://gwxt.sgcc.com.cn

3. 各单位层面

★ **各单位门户网站。** 是本单位信息发布的主要平台，是展示本单位党组织战斗堡垒作用和党员先锋模范作用发挥的主阵地。

★ **各单位新媒体平台。** 包括各单位官方微博、微信公众号、微信视频号、抖音号等新媒体平台，是各单位面向社会宣传本单位履行"三大责任"情况、推广线上供电服务、推介系统内先进典型事迹的主要载体。

★ **各单位党校（培训中心）学习平台。** 各单位党校（培训中心）开发建设的，具有地方特色、符合基层需求的学习教育资源平台、智慧党校系统等。

4. 党支部层面

★ **党支部微信群。**各党支部建设管理，由党支部书记或党支部委员维护，群成员为党员、预备党员和入党积极分子。可用于发布会议通知，安排党支部工作，交流学习心得，公示相关信息等，不得发布与党建工作无关的言论或信息。每月至少集中推送学习资料 1 次，鼓励群成员分享学习资料。涉密资料严禁通过微信群推送。

◆ **典型案例**

　　某党支部制定微信群日常管理机制，全面加强管理，促进党员日常教育工作。一是明确微信工作群的成员管理要求，由党支部书记直接负责。二是明确可发布的内容，如上级党组织的工作部署、工作要求、会议通知，本单位党建工作动态和重大党务活动，其他和党建工作有关的信息等七方面的内容。三是明确微信工作群纪律要求，包括不得发布与国家法律法规相违背的言论、忌秕言谬说等"六不六忌"。四是在党员无法集中的时间段，党支部书记利用微信群组织党员针对工作重点、难点，开展线上研讨，分析问题原因，提出改进措施。

（二）加强远程教育

　　远程教育是根据新形势新任务，运用计算机、多媒体、现代通信等信息技术和手段，对党员实施教育培训的创新举措，是探索让党员经常受教育的有效途径。

★ **收听收看。**组织党员通过视频会议系统、多媒体设备、手机终端等，及时收听收看党内重大会议和活动现场直播、公司重大活动现场直播、重大先进典型宣讲发布活动等，扩大收听收看的覆盖面。

★ **线上培训。**依托国网高培云课堂、地方党委政府远程教育平台等组织开展线上培训，充分发挥远程教育平台受众面广、覆盖率高、不受时间和空间限制等优势，方便广大党员随时、按需、自主开展学习，推动党员培训抓在日常、融入经常。

★ **资料共享。**充分利用公司各级党校、培训中心远程教育的精品课程课件，加强交流合作、成果分享，用于集中培训、"三会一课"、主题党日、党员自学等，丰富党员教育内容，提升教育培训质量。

◆ **典型案例**

案例1：某党支部建立学习"回头看"机制，一月一小看，季度一大看，每名党员均制定个人学习计划，在党员大会或主题党日，定期汇报阶段性学用情况，练好政治理论教育"真功夫"。依托党员教育综合实训基地开展"沉浸式"党课学习，利用"学习强国"和党支部微信群，分享最新重要讲话和权威评论文章，提升学习质效。

案例2：某党支部针对党支部党员工作时间不统一、工作地点分散、人员难以集中的情况，依托国网高培云课堂组织开展党员线上培训，邀请专家教授为党员宣讲党的创新理论。利用国网高培云课堂优质学习资源，组织党员开展线上学习，每周统计党员学习情况，每月在党支部微信群"晒"党员学习进度、"晒"党员学习体会，提升教育培训的系统性规范性。

（三）规范网络行为

党支部要加强对党员的意识形态和保密教育，教育引导党员发挥模范带头作用，严格规范网络行为，促进形成健康向上的网络环境。

★ **坚定政治立场。**严格遵守党规党纪，模范遵守国家法律法规，在网络行为中坚持正确政治方向，自觉宣传党的理论和路线方针政策，积极践行社会主义核心价值观，弘扬主旋律、传播正能量。

★ **增强斗争精神。**敢于同网上错误言论作斗争，不制作、发布、传播违反党的纪律规定和国家法律法规的信息内容，一旦发现网上有违规违纪违法信息，应及时主动向有关部门、网络平台等举报，积极提供线索并协助有关方面处置。

★ **严守保密条例。**严格遵守《国家电网有限公司保密工作管理办法》《国家电网有限公司移动办公管理办法（试行）》等制度要求，提升保密意识，增强抵御风险能力，坚决防止发生失泄密事件，严格杜绝通过网络、微信等传输传播涉密文件信息。

（四）常见问题

问：党支部"三会一课"、主题党日等组织生活相关资料是否可以通过党支部微信群分享？ 》》

答：党支部"三会一课"、主题党日等组织生活相关资料，可能涉及党内或公司有关不宜通过社交媒体软件分享的文件，要避免产生失泄密事件或舆论影响。向党员推送的学习资料，一般以网上公开的资料为主。

问：党员在"学习强国"、国网高培云课堂上自学的时长是否可以统计到党员年度集中学习培训时长中？ >>>

答：党员在"学习强国"、国网高培云课堂等线上平台中自学的内容为党员业余时间的个人学习，不能归为集体学习或集中培训。但通过国网高培云课堂等组织开展的线上培训班，参培党员的课程学习时长可以统计到党员集中培训的时长中。

问：党支部是否可以采取明确每日积分要求等方式组织党员应用"学习强国"等平台开展学习？ >>>

答：除上级党组织有明确要求或某个时间段内组织开展学习竞赛等情况外，一般不建议采取明确每日积分要求等方式组织党员应用"学习强国"等平台开展学习。对于党员利用业余时间通过移动终端自学党的最新理论、时政要闻等，不应以下任务、定积分等形式去组织，避免出现形式主义。可以通过示范带动、交流分享等方式，引导党员利用碎片化时间自觉主动开展学习，提升政治素养。

第二章 党员管理

党员管理是党的建设的重要组成部分，是加强党的建设的基本途径之一，是实现党的政治路线的重要保证，是党员队伍建设的重要环节。其根本目的是用党章规定的党员标准规范党员的言行，使每个党员都能严格遵守党的纪律，认真履行党员义务，充分发挥先锋模范作用，从而保证党的路线、方针、政策得以贯彻落实，保证党的各项任务能够顺利完成。

一 党籍管理

党籍是指党员资格。取得了党籍，是一个人从组织上被承认为党员的依据。党籍是党员的政治生命，每个党员都应十分珍惜，党组织在处理党员的党籍问题时，也应采取十分慎重的态度。

（一）取得党籍

经党支部党员大会通过、基层党委审批接收的预备党员，自通过之日起，即取得党籍。

（二）停止党籍

1. 停止党籍的情形

◎ 对因私出国并在国外长期定居的党员，出国学习研究超过 5 年仍未返回的党员，一般予以停止党籍。停止党籍的决定由保留其组织关系的党组织按照有关规定作出。

◎ 对与党组织失去联系 6 个月以上、通过各种方式查找仍然没有取得联系的党员，予以停止党籍。停止党籍的决定由所在党支部或者上级党组织按照有关规定作出。停止党籍 2 年后确实无法取得联系的，按照自行脱党予以除名。

2. 停止党籍的程序

根据《中共中央组织部关于做好与党组织失去联系党员规范管理和组织处置工作的通知》(中组发〔2016〕30号)，停止党籍的程序如下：

◎ 党支部召开党员大会，作出停止党籍的决定。对失联党员，党支部在召开党员大会作出停止党籍决定前，应多方查找联系。召开党员大会时，应对相关调查联系情况进行详细说明。

◎ 基层党委审批。

◎ 报上一级党委党建部门备案。

（三）恢复党籍

停止党籍的出国党员返回国内，失联党员在停止党籍2年内重新取得联系，符合条件的，可以按照规定程序恢复党籍。具体程序如下：

◎ 本人与所在党支部取得联系，并书面提出恢复党籍申请。

◎ 所在党支部调查了解相关情况，研究提出意见。党支部可采取向党员工作过的单位或居住地党组织函询其表现，到纪检、公安机关了解其有无违纪违法行为等方式，调查了解党员表现。

◎ 基层党委审查。

◎ 报上一级党委党建部门批准。

（四）失去党籍

党员被劝退、劝而不退除名、自行脱党除名、退党除名、开除党籍的，就失去了党籍，其党籍原则上不能恢复，符合条件的可以重新入党。

（五）常见问题

问：党籍与党龄有何区别？ ≫≫≫

答：党籍是一种身份概念，是指党员资格。党龄是一种时间概念，是指预备党员转为正式党员后经过的年数。经党支部党员大会通过、基层党委审批接收的预备党员，自通过之日起，即取得党籍，转为正式党员之后才有党龄。

问：开除党籍和劝退、除名有什么区别？ >>>

答：开除党籍和劝退、除名都是对党员党籍的处理，都是为了纯洁党员队伍，保证党员质量所采取的组织手段，但有原则区别。开除党籍是党的最高纪律处分，适用于严重违犯党的纪律，丧失共产党员条件的党员。劝退、除名不是纪律处分，是党组织处置不合格党员的组织处理措施。劝退是通过劝告，使经过教育帮助的不合格党员，在本人同意的情况下退党。除名是党组织按照党章规定，注销党员在党内的名籍，即取消党员资格。

问：党员退党的处理原则及注意事项？ >>>

答：尊重党员退党权利，允许党员有退党的自由。党员要求退党，党组织首先要弄清党员提出退党的原因，区别处理。对于平时表现很好的，只因认识模糊或一时冲动提出退党，事后主动撤回退党申请的，可以不作退党处理，但应严肃批评教育。对于消极落后，甚至蜕化变质，不愿接受党的监督和纪律约束的，应当及时作出批准退党的处理。

问：因身体原因不能履行党员义务和行使党员权利的党员，其党籍怎么处理？ >>>

答：因身体原因不能履行党员义务和行使党员权利的党员，应保留其党籍，并结合实际开展关怀帮扶工作。但由于这些党员不能履行党员的义务和行使党员的权利，可以暂时停止其党的组织生活和党内其他政治活动。康复后，是正式党员的，应即恢复组织生活；是预备党员的，应经一定时间的考察，按预备党员转正的有关规定讨论其转正问题。

问：对应受开除党籍处分而本人提出要求退党的党员，能否按退党处理？ >>>

答：对犯有严重错误需要开除党籍的，尽管本人提出退党，也不能按退党处理，而应按党章和《中国共产党纪律处分条例》的规定开除其党籍。

（六）参考模板

- 📄 关于停止 ×××、××× 中国共产党党籍的请示
- 📄 关于恢复 ××× 中国共产党党籍的请示

1

关于停止 ×××、××× 中国共产党党籍的请示

中共 ××× 委员会：

　　××× 同志，男，×× 族，×××× 年 ×× 月出生，×××× 年 ×× 月加入中国共产党，为 ××××× 公司员工，×× 同志于 ×××× 年 ×× 月出国，现长期定居 ×× 国。

　　××× 同志，男，×× 族，×××× 年 ×× 月出生，×××× 年 ×× 月加入中国共产党，为 ××× 公司员工，自 ×××× 年 ×× 月起，未参加组织生活、未按期交纳党费，长期与党组织失去联系，经多方摸排查找，××× 同志目前仍然处于失联状态。

　　根据《中国共产党党员教育管理工作条例》规定，对因私出国并在国外长期定居的党员，出国学习研究超过 5 年仍未返回的党员，一般予以停止党籍。对与党组织失去联系 6 个月以上、通过各种方式查找仍然没有取得联系的党员，予以停止党籍。

　　根据《中国共产党章程》，×××× 年 ×× 月 ×× 日，××× 党支部召开党员大会，应到正式党员 ×× 名，实到 ×× 名，对 ××× 同志、××× 同志的情况进行了讨论、表决，全体到会正式党员一致同意对 ×××、××× 给予党员停止党籍的处理。

　　妥否，请批示。

中共 ×××× 支部委员会

×××× 年 ×× 月 ×× 日

2

关于恢复 ××× 中国共产党党籍的请示

中共 ××× 委员会：

　　××× 同志于 ×××× 年 ×× 月 ×× 日因 ××× 原因被停止党籍。×××× 年 ×× 月以来，该同志主动与党组织取得联系并书面提出恢复党籍申请，汇报出国（失联）期间的工作、学习和生活情况。经 ××× 党支部对该同志失联期间的现实表现和思想政治情况进行核查，该同志失联期间无不合格表现或违纪违法行为，现该同志能够正确认识失联问题，愿意按时参加党的组织生活、履行党员义务，××× 党支部同意对 ××× 给予党员恢复党籍的处理。

　　妥否，请批示。

中共 ×××× 支部委员会

×××× 年 ×× 月 ×× 日

二 党员组织关系管理

党员组织关系是指党员对党的基层组织的隶属关系。每个党员都必须编入党的一个支部、小组或者其他特定组织。党支部要按相关规定及时接转党员正式或临时组织关系。

（一）组织关系转接凭证

党员组织关系的凭证有党员组织关系介绍信和党员证明信。转移和接收正式组织关系，应当凭据党员组织关系介绍信。转移和接收临时组织关系，应当凭据党员证明信。

（二）正式组织关系转接

1. 开具党员组织关系转移申请

对于工作单位、经常居住地发生变动，或者外出学习、工作、生活时间在 6 个月以上且地点相对固定的党员，党支部应当及时为其转移正式组织关系。党支部开具《中国共产党党员组织关系转移申请》，由党员本人持有到上级党委党建部门办理转移手续。党支部应做好转移组织关系党员基本情况登记工作。

2. 开具党员组织关系介绍信

转出单位党委党建部门在收到党支部的党员组织关系转移申请，核实党员信息及确认转移情况属实无误后，及时开具党员组织关系介绍信。由党员本人持组织关系介绍信，办理转接手续，送达转入单位党组织。不能自己携带的，应由机要交通或机要邮政转递。党员组织关系转出后，党员在党组织中的隶属关系随即发生变化。对组织关系转出但尚未被接收的党员，原所在党组织仍然负有管理责任。

省内党员组织关系转接，可直接在地方党员组织关系管理相关信息系统（具体系统平台根据各省实际情况确定）、国网党建信息系统办理电子转接流程，无须开具纸质介绍信。省外党员组织关系转接需开具纸质介绍信，并在地方党员组织关系管理相关信息系统、国网党建信息系统办理相应流程。

3. 党员组织关系接收

接收单位党委党建部门在接到党员组织关系介绍信后，应认真查验介绍信真实性，为党员办理组织关系接收手续，不得无故拒转拒接党员组织关系。接收党员组织关系时，如有必要，可以采取适当方式查核党员档案。应及时将党员编入一个党支部，加强对党员的教育、管理和监督，党员在转入单位党组织参加党的活动，履行党员义务，行使党员权利。

4. 党员组织关系回执

接收单位党委党建部门应填写介绍信回执，以适当方式及时反馈给转出单位党委党建部门。转出单位党委党建部门在收到接收单位党组织的回执联后，将其粘贴在存根联的"贴回执联处"备查。党员组织关系管理已完全实现无纸化的，可根据本省相关规定执行。

（三）临时组织关系转接

对于外出时间不超过6个月的党员，一般由党委党建部门开具党员证明信，转接临时组织关系。持党员证明信外出的党员，可以据此证明自己的党员身份，在所在单位党组织参加党的组织生活。党员返回原单位时，接收其临时组织关系的党支部应在其党员证明信上注明返回日期，并加盖党支部印章（党支部无印章的，由党支部书记签字）后交本人带回。

短期外出开会、参观、学习、实习、考察等，可不开具党组织关系凭证。

（四）常见问题

问：党员组织关系介绍信、党员证明信的有效期是多久？ ≫≫

答：党员组织关系介绍信、党员证明信的有效期可根据具体情况确定，一般不超过3个月。

问：党员组织关系介绍信或证明信超过了有效期，应如何处理？ ≫≫

答：党员组织关系应及时转移，不按期转移组织关系是组织观念淡薄的表现，也是党的纪律所不允许的。对于那些无正当理由，不及时转移组织关系，导致党组织关系介绍信或党员证明信过期的，党组织将给予严肃的批评和教育。确实由于客观原因造成组织关系介绍信或党员证明信过期作废，由开出介绍信或证明信的单位另行补转。

问：党员组织关系介绍信及存根要保留多长时间？ >>>

答：根据中组部组织局2005年编印的《党员组织关系管理手册》，使用后的党员组织关系介绍信及存根要妥善保管，一般应保存10年以上。

问：在转移党员组织关系中，对党员的要求是什么？ >>>

答：因工作、学习、生活等原因离开原所在党组织，要及时转移党员组织关系，在规定时间内到所去地方或单位党组织报到。短期外出或外出时间较长但无固定地点的，应当主动与所在党组织保持联系，汇报外出期间的有关情况，按照规定交纳党费。

问：离退休党员组织关系转接要求是什么？ >>>

答：按照离退休党员社会化管理相关要求，在党员退休次月，按照属地政府具体要求完成党员组织关系转出，做好相关服务工作。

问：对无正当理由，长期不转移组织关系的党员怎么处理？ >>>

答：对那些没有正当理由，长期不转移组织关系，不到指定单位报到的党员，应该给予严肃的批评和教育，要求限期报到。经过教育，如果仍继续把党员组织关系介绍信留在自己手中，不交给转往单位的党组织，不参加党的组织生活的，视其情况给予党纪处分，情节严重的要按党章规定以自行脱党处置，由其组织关系所在党组织除名。

问：没有转来党员组织关系或没有出具党员证明信的党员，能安排其参加党的组织生活吗？ >>>

答：根据中组部《关于加强党员流动中组织关系管理的暂行规定》，没有转来党员组织关系或没有出具党员证明信，所去地方或单位的党组织，不得承认其党员身份和安排其参加党的组织生活。根据《中国共产党支部条例（试行）》的规定，对经党组织同意可以不转接组织关系的党员，所在单位党组织可以将其纳入一个党支部或者党小组参加组织生活。

问：持党员证明信的党员，在现所在单位能否被提名为代表候选人？ >>>

答：持党员证明信的党员，因其正式组织关系尚在原工作单位，在现所在单位不享受选举权和被选举权，所以不能被提名为代表候选人。

问：党员在纪律处分期内能不能转移组织关系？ >>>

答：受警告、严重警告、撤销党内职务和受留党察看处分的党员转移组织关系，应按正式党员开具组织关系介绍信，介绍信上不必注明处分的起止时间，但应将其受处分的情况、本人对错误的态度、悔改表现和处分的起止时间另行通知所去单位的党组织，以便对其继续进行教育和考察，党员本人也应主动向所到单位的党组织汇报自己的情况。

问：党员在立案调查期间可否转移党员组织关系？ ≫≫

答：正在接受组织立案调查的党员是不可以转移组织关系的，否则会不利组织的调查取证，待调查结束组织上出具了结论，再作决定。

问：党员组织关系介绍信或党员证明信丢失，应如何处理？ ≫≫

答：党员应妥善保存自己携带的党员组织关系介绍信或党员证明信，一旦丢失，要及时向原党组织或最后办理转移组织关系的党委党建部门报告。党组织要对丢失介绍信、证明信的情况进行审查，如确系客观原因造成，党员本人向党组织递交情况说明，可由最后办理转移组织关系的党委党建部门予以补转。对丢失介绍信、证明信的党员，党组织应给予批评教育。

（五）参考模板

🗐 中国共产党党员组织关系介绍信

🗐 中国共产党党员证明信

3

<table>
<tr><td rowspan="2">党员介绍信存根</td><td>第　号</td><td rowspan="2">第一联</td></tr>
<tr><td>_____同志系中共（预备/正式）党员，组织关系
由————转到————。

年　月　日</td></tr>
</table>

（贴回执联处）

（加盖骑缝章）

中国共产党党员组织关系介绍信

<table>
<tr><td colspan="2">第　号</td><td rowspan="2">第二联</td></tr>
<tr><td>_____：

　　__同志（男/女），__岁，__族，系中共（预备/正式）党员，身份证号码————，由————去————，请转接组织关系。该同志党费已交到——年——月。
（有效期　天）

　　　　　　　　　　　　　　　　　　（盖章）
　　　　　　　　　　　　　　　　　　年　月　日

党员联系电话或其他联系方式：
党员原所在基层党委通信地址：
联系电话：　　　　　传真：　　　　　邮编：</td></tr>
</table>

中国共产党党员组织关系介绍信回执联

<table>
<tr><td>第　号</td><td rowspan="2">第三联</td></tr>
<tr><td>_____：
　　__同志的党员组织关系已转达我处，特此回复。

　　　　　　　　　　　　　　　　　　（盖章）
　　　　　　　　　　　　　　　　　　年　月　日

经办人：　　　　　联系电话：</td></tr>
</table>

　注　回执联由接收党员组织关系的基层党委在接收党员后一个月内邮寄或传真至党员原所在基层党委。

4

中国共产党党员证明信

<table>
<tr>
<td rowspan="2">党员证明信存根</td>
<td>第　号

_____同志系中共 _____党员，由

_____ 去 _____。

　　　　　　　　　　　　年　月　日</td>
<td>第一联</td>
</tr>
</table>

（贴证明信处）

（加盖骑缝章）

中国共产党党员证明信

<table>
<tr>
<td>第　号

_____ ：

　　现介绍____同志（男/女），___岁，___族，系中共（预备/正式）党员，身份证号码_____，由_____去_____工作（学习），特此证明。

　　　　　　　　　　中国共产党×××委员会
　　　　　　　　　　　　年　月　日</td>
<td>第二联</td>
</tr>
</table>

　　注　请接收此证明信的基层党委在该同志工作或学习结束时，在证明信上盖章，由本人带回交原单位党委。

（盖　章）

年　月　日

三 党费管理

按照党章规定向党组织交纳党费，是党员必须具备的起码条件，是党员对党组织应尽的义务。做好党费工作，是党组织的一项经常性任务，也是加强党员教育管理的一项重要内容。

（一）党费收缴

1. 党费标准

按月领取工资的党员，每月以工资总额中相对固定的、经常性的工资收入（税后）为计算基数，按规定比例交纳党费。企业人员工资总额中相对固定的、经常性的工资收入包括工资收入中的固定部分（基本工资、岗位工资）和活的部分（奖金）。实行年薪制人员中的党员，每月以当月实际领取的薪酬收入为计算基数。

党员交纳党费的比例为：每月工资收入（税后）在3000元以下（含3000元）者，交纳月工资收入的0.5%；3000元以上至5000元（含5000元）者，交纳1%；5000元以上至10000元（含10000元）者，交纳1.5%；10000元以上者，交纳2%。

预备党员从党支部党员大会通过其为预备党员之日起交纳党费。离退休党员每月以实际领取的离退休费总额或养老金总额为计算基数，5000元以下（含5000元）的按0.5%交纳党费；5000元以上的按1%交纳党费。

2. 收缴要求

党支部按基层党委在年初核定的党员月交纳党费数额，按月收缴。

党员自愿多交党费不限，自愿一次多交纳1000元以上的党费，全部上缴中央。交纳党费确有困难的党员，经党支部研究，报上一级党委批准后，可以少交或免交党费。离退休党员生活确有困难的，经党支部研究同意，可以少交或免交党费。

对不按照规定交纳党费（少交或不交）的党员，党支部应及时对其进行批评教育，限期改正。对无正当理由，连续6个月不交纳党费的党员，按自行脱党处理。

党支部要规范使用党费证，记录党员交纳党费的情况。党支部书记或负责党费收缴的人员按月如实填写党员交纳党费金额，并在"收费人"处签字。党费证一般由党员自行妥善保管。

（二） 党费使用

党支部因工作需要使用党费时，党支部所在基层党委年初已列入计划、明确预算的，可直接使用，按照公司财务管理相关规定和要求办理；未明确预算的，由党支部向所在基层党委提出申请，明确事由、金额等，基层党委审批同意后使用。

党费使用的五项基本用途：①培训党员；②订阅或购买用于开展党员教育的报刊、资料、音像制品和设备；③表彰先进基层党组织、优秀共产党员和优秀党务工作者；④补助生活困难的党员；⑤补助遭受严重自然灾害的党员和修缮因灾受损的基层党员教育设施。

在遵循党费使用五项基本用途的前提下，以下具体使用项目可以从党费中列支：①教育培训党员和入党积极分子、基层党务工作者所产生的住宿费、伙食费、交通费、师资费、场地费、资料费、门票费、讲解费等；②开展"三会一课"、创先争优、党组织换届以及党内集中学习教育所产生的会议费等；③党内表彰所需费用；④修缮、新建基层党组织活动场所、为活动场所配置必要设施等所产生的相关费用；⑤编印党员教育培训教材和印制入党志愿书、党员组织关系介绍信、党员证明信、流动党员活动证、党费证、党员档案等所产生的工本费，以及购买党徽党旗等费用；⑥党费财务管理中发生的购买支票、转账手续费等相关费用。

党费使用的五项基本用途由中共中央组织部《关于中国共产党党费收缴、使用和管理的规定》（中组发〔2008〕3号）确定，明确了党费使用的范围。六项具体使用项目由《中共中央组织部办公厅关于进一步规范党费工作的通知》（组电明字〔2017〕5号）确定，进一步细化了在五项基本用途中使用党费可列支的项目。

（三） 党费的管理和监督

党费由各级党委党建部门代党委统一管理。党费的具体财务工作由各级财务部门代办，必须指定专人负责，实行会计、出纳分设。

党费应当以党委的名义单独设立银行账户，必须存入中国工商银行、中国农业银行、中国银行、中国建设银行、交通银行、中国邮政储蓄银行，不得存入其他银行或者非银行金融机构。党费利息是党费收入的一部分，不得挪作他用。依法保障党费安全，不得利用党费账户从事经济活动，不得将党费用于购买国债以外的投资。

党费收缴、使用和管理的情况要作为党务公开的一项重要内容。党支部应当每年向党员公布一次党费收缴情况，一般不留存党费。

（四） 常见问题

问：党员可否补交或预交党费？

答：党员如遇特殊情况，经党支部同意，可以每季度交纳一次党费，也可以委托其亲属或者其他党员代为交纳或者补交党费，但补交党费的时间一般不得超过6个月。党员不能提前预交党费。

问：党组织能否垫交或扣缴党员党费？

答：党组织应当按照规定收缴党员党费，不得垫交或扣缴党员党费，不得要求党员交纳规定以外的各种名目的"特殊党费"。有些单位党组织负责人觉得有些党员交纳党费数额不大，就采取自己出钱或用公款集中支付的办法替党员垫交党费，或者图省事让财务人员在核发工资时集中扣缴党员党费，这两种情况都不符合党费收缴规定，应当予以纠正。

问：党员自愿一次多交纳1000元以上的党费如何处理？

答：自愿一次多交纳1000元以上的党费，全部上缴中央，具体办法是：由党支部所在基层党委代收，并提供该党员的简要情况，通过省（自治区、直辖市）委组织部、国务院国资委党委组织部等转交中央组织部。中央组织部给本人出具收据。

问：因较长时间病休而减发工资收入的党员，应当如何交纳党费？

答：因较长时间病休减发工资收入的党员，在病休期间以实际取得的工资收入为计算基数，按规定的比例交纳党费。

问：对党费管理中的违纪问题怎么处理？

答：党费管理必须认真执行有关规定，对于违反开支范围挪用、滥用党费的，一经发现必须严肃查处；对于贪污党费的，要依据《中国共产党纪律处分条例》的有关规定，从重处理，不能袒护姑息，触犯刑律的要移交司法机关依法处理。

问：党费能否存入单位其他账户？

答：不能，党费必须存入上级党组织的党费专户。

问：流动党员外出期间如何缴纳党费？

答：党员应当向其正式组织关系所在的党支部交纳党费。

（五）　参考模板

- ×××党支部××××年××月党费收缴台账
- 关于××××年度×××党支部党费收缴情况的公示

5

×××党支部 ××××年 ××月党费收缴台账

党支部(盖章)：　　　　　　　　　　　　　　　　年　月　日

序号	姓名	党费交纳金额(元)	备注
人民币大写(元)：			

注　地方党委组织部门明确了党费收缴台账模板的，按地方党委组织部门要求执行。

6

关于××××年度×××党支部党费收缴情况的公示

根据党费管理规定，现将××××年度×××党支部党费收缴情况公示如下。

××××年度，共收到党支部党员党费共××××元，均已按月存入×××党委党费账户。

另，××××××（对困难的党员少交或免交党费情况、自愿一次多交纳1000元以上的党费等进行说明）。

公示时间：××××年××月××日—××月××日（7个工作日）

联系人：×××；联系电话：××××××××××

×××党支部

××××年××月××日

四 党员分类管理

充分考虑党员的工作身份、从业特点等情况，为党员队伍精准分类，明确不同群体党员的管理方式和标准，是促进党员作用发挥和提升基层党组织战斗力的有效途径。

（一）供电服务员工党员

1. 组织关系已转入县（区）公司党组织等公司系统所属党组织的供电服务员工党员

严格按照党员教育管理相关要求进行管理，认真参加党支部组织生活，积极参与"党建+"工程、党员服务队、党员责任区、党员示范岗等创建活动和"三亮三比"活动。

2. 组织关系仍在地方党组织的供电服务员工党员

接受地方党组织和工作所在单位党组织的双重教育和管理。在正式组织关系所在党组织参加组织生活，交纳党费，行使选举权和被选举权等。

可按照组织关系一方隶属、参加多重组织生活的方式，参加工作所在单位党组织的日常组织生活。不允许出现既不参加组织关系所在地党组织组织生活，又不参加工作所在单位党组织组织生活的情况。

日常工作中，要积极主动参加工作所在单位党组织相关活动，立足岗位充分发挥先锋模范作用。

工作所在党组织要与其组织关系所在的地方党组织加强日常联系，就供电服务员工党员的思想、学习和工作等情况，定期进行沟通，对民主评议党员结果和评先评优等进行协商。

◆ **典型案例**

案例1：某供电所党支部创新组织生活方式，开展所属党员与供电服务员工党员"一帮一"活动，以带思想、带技能、带业绩为主要内容，学理论、抓实践、提素质，积极带领供电服务员工党员坚定理想信念，更新思想观念，让供电服务员工积极做好工作的同时，从根本上对党有了更为明确的认识。不断丰富供电服务员工党员学习教育载体，组织到当地红色教育基地开展党支部联建现场研学活动，通过观看文字、图片、视频，实地体验等多种形式，不断提升供电服务员工党员整体素质。

案例2：某农电公司业务分部党支部推行"双管理"管理模式。一是加强供电服务员工党员教育、管理、监督和服务，与其他党员同部署、同检查、同考核、同落实，确保标准不降、措施不松、力度不减。二是与属地县公司签订联建协议，由县公司所属各供电所党支部对供电服务员工党员进行日常管理，农电公司业务分部党支部负责供电服务员工党员组织关系转接、党费收缴等组织管理，通过组织建设互促、党员干部互动、党建载体互用、联建专业互助，保持经常性联系和合作，构建资源共享、优势互补、共同提高的党建工作新格局。

案例3：某供电所党支部与地方党组织主动对接，协同推进供电服务员工党员管理。地方党组织重点对供电服务员工党员进行组织管理，供电所党支部重点进行"两管"（即管思想教育、管先锋作用发挥）。供电所党支部建立供电服务员工党员信息台账，汇总统计属地任职、奖惩情况等，摸清组织关系在所属党支部和属地的供电服务员工党员信息底数。共同参加党支部"三会一课"、主题党日等活动，共同纳入共产党员服务队、突击队、责任区、示范岗建设，实现供电服务员工党员与企业所属党员在思想教育和作用发挥上同步管理。

（二）省管产业单位党员

1. 组织关系已转入公司所属省管产业单位党组织的党员

严格按照党员教育管理相关要求进行管理，认真参加党支部组织生活，积极参与"党建+"工程、党员服务队、党员责任区、党员示范岗等创建活动和"三亮三比"活动。

2. 组织关系未转入公司所属省管产业单位党组织的党员

接受组织关系所在党组织和省管产业单位党组织的双重教育和管理。在正式组织关系所在党组织参加"三会一课"、主题党日、组织生活会和民主评议党员等组织生活，交纳党费，行使选举权和被选举权等。

可按照组织关系一方隶属、参加多重组织生活的方式，参加省管产业单位党组织的组织生活。不便参加组织关系所在党组织组织生活的，经组织关系所在的党组织同意，可以参加省管产业单位党组织组织生活为主。不允许出现长期不参加组织生活的情况。

日常工作中，要积极主动参加工作所在单位党组织相关活动，立足岗位充分发挥先锋模范作用。

省管产业单位党组织要与其组织关系所在的党组织加强日常联系，就党员的思想、学习和工作等情况，定期进行沟通，对民主评议党员结果和评先评优等进行协商。

◆ **典型案例**

　　某省管产业单位党组织根据党员业务分布情况，建立健全因人施教的党员教育体系。一是推行"3+3"政治实践活动法，依托疫情防控现场、生产运维现场、后勤保障现场三个阵地，通过比工作质效、比责任落实、比形象作风三项举措，组织党员在政治实践中亮身份、亮职责、亮承诺，切实增强党性修养、坚定理想信念。二是推行"理论学习＋心理辅导"双管齐下，以自学和集中学习为主，通过表扬激励、引导帮助、谈心谈话等方式，不断提升党员的凝聚力和向心力，增强使命感、责任感和归属感。

（三）劳务派遣党员

　　对于劳务派遣党员的日常教育和管理，一般以用工单位党组织为主，劳务派遣单位党组织密切配合。

　　劳务派遣党员在正式组织关系所在党组织交纳党费，行使选举权和被选举权等。经劳务派遣单位党组织同意，劳务派遣党员可在用工单位党组织参加"三会一课"、主题党日、组织生活会和民主评议党员等日常组织生活，用工单位党组织定期向劳务派遣单位党组织反馈劳务派遣党员的思想、学习和工作等各方面的表现情况和民主评议结果等。

◆ **典型案例**

　　案例1：某工程项目施工涉及劳务派遣党员参建，施工单位党委依托项目成立项目临时党支部，充分吸收参建分包队伍、设备厂家等施工劳务派遣党员加入，依托"工地夜校"开展项目临时党支部"三会一课"，及时跟进学习习近平总书记对安全生产的重要论述，在工程现场组织开展"不忘初心、牢记使命，党员带头反违章"主题党日活动及安全生产批评与自我批评，所有党员充分发挥专业优势，共同开展安全隐患和违章行为排查，顺利完成施工任务，落实"又快又好"承诺。

　　案例2：某党支部与劳务派遣单位建立双向通报联系机制，每季度由劳务派遣单位通报派遣党员党费缴纳、行使选举权被选举权等情况，党支部向派遣单位及时反馈派遣党员参加"三会一课"、组织生活会、民主评议党员等事项，共同交流劳务派遣党员的思想、学习和工作等情况，强化劳务派遣党员日常管理。同时，以"三会一课"为抓手，按照"学习互促、取长补短、共同发展"理念，实施理想信念、党风廉政、专业技术"三维"学习模式，常态开展"党员带头学规章""讲党课讲安全讲专业"等党课宣讲、主题实践活动，加强政治理论和主营业务知识学习，进一步实现党员队伍建设新突破、能力素质新提升、作风水平新转变，高质量开展劳务派遣党员教育。

（四） 流动党员

流动党员是指由于就业或居住地变化等原因，在较长时间内无法正常参加正式组织关系所在党组织活动的党员。对外出6个月以上并且没有转移组织关系的流动党员，应当保持经常联系，跟进做好教育培训、管理服务等工作。

流出地党组织要了解掌握外出流动党员情况，加强与流入地党组织的联系，配合流入地党组织共同做好流动党员外出期间的教育管理工作。要在党员外出前进行教育并提出要求，掌握外出党员的流动去向、外出时间、地点和联系方式等情况，了解党员外出期间的表现和参加党的组织生活等情况。

流入地党组织应当协助做好流动党员日常管理，组织流动党员就近就便参加组织生活。要做好流动党员身份确认工作，加强对流动党员的经常性教育和管理，将流动党员编入基层组织，组织他们参加党的组织生活，及时将重要情况反馈给流出地党组织。

对具备转移组织关系条件的流动党员，流出地和流入地党组织应当衔接做好转接工作。

◆ **典型案例**

案例1： 某物业公司作为某供电公司的物业服务提供商，长期在某供电公司工作的流动党员30余人。为加强对流动党员的管理，某供电公司会同某物业公司与所在街道社区党总支沟通协调，在社区党总支下成立党支部。党支部在社区党总支和某供电公司党组织的双重指导下，积极推进党支部建设，认真开展"三会一课"、主题党日等组织生活，组织党员开展家电义务维修、无偿献血等志愿服务活动，党支部的战斗堡垒作用和党员先锋模范作用日益凸显。

案例2： 某特高压检修项目部党支部负责的数个特高压换流站年检规模大、作业点多面广、连续作业时间长、党员流动性高、现场管控难度大。党支部以可拆卸移动式集装箱为载体，建设"红色阵地"，建立"移动党员活动室"，强化党员的教育管理，为检修现场提供了会议决策、技术讨论、学习教育的移动阵地。所有现场党员由项目党支部统一教育、管理，让一线党员在项目党支部内按期开展组织生活。聚焦工程工期安排，制定合理、有效的党员教育、组织活动计划，丰富学习教育形式，融合开展"三会一课"、主题党日、工地夜校、道德讲堂、企业文化宣讲等活动，提高党员认识，促进工程开展。

案例3： 某送变电公司所属党支部从党员管理、学习教育、成果检验三方面着手，让流动党员"流动"不"流失"。一是流动管理精准化。结合工作特性，建立"党员在外，实时管理"的"风筝工作法"，依托"职能部室＋工程项目部＋临时党支部"三线联动模式，做到流动党员分布清、数量明、流向知。二是学习教育常态化。抓牢重点工程现场的临时党支部，打造"临时党支部委员分片包保"的"1+1"或"1+X"网格化帮学，以送学上门、宣讲上门、谈心上门的"三上门"服务，确保流动党员学习教育"不打烊"。三是成果检验实战化。聚焦项目建设重点任务，深化党员创先争优工作，深入实施"党建+"工程，每年至少开展一次宣讲先进事迹活动、一次"传帮带"活动、一次"三亮三比三评"活动，进一步引导流动党员强化安全管控，提升工程质量。

（五）常见问题

问：流动党员应当自觉遵守哪些规定？

答：流动党员要认真履行党员义务，正确行使党员权利，在流入地参加党的日常组织生活，在正式组织关系所在党组织参加选举等重要活动，自觉接受流出地和流入地党组织的教育和管理，发挥先锋模范作用。①外出前，应向所在党支部报告外出事由、时间、地点及联系方式。②及时到流入地党组织报到，积极参加党的组织生活，按规定交纳党费，完成党组织交给的任务。流动党员原则上应当按月交纳党费，因外出地点变动频繁等原因按月交纳确有困难的，可以按季交纳。③主动与流出地党组织保持联系，每年至少向流出地党组织汇报一次外出期间思想、工作和参加党的组织生活情况。外出地点、就业单位、居住地和联系方式等发生变化时，应及时向流出地党组织和有关党组织报告。④外出返回后，及时如实向党组织汇报外出期间的情况。

问：流动党员在什么情况下可以转接党组织关系？

答：流动党员一般不转接党组织关系，但流入地党组织应负责其日常教育管理，组织参加党支部组织生活，并与流出地党组织保持联系。流动党员用工性质发生变化，劳动关系已转至流入地工作单位的，应转接党组织关系。流动党员比较集中的，流出地党组织可专门建立党支部。

问：劳务派遣党员可否转接党组织关系？

答：劳务派遣人员与劳务派遣单位签订劳动合同并受其管理，外派工作地点存在不确定性。因此，劳务派遣党员组织关系一般不转入用人单位党组织。劳务派遣党员以用人单位党组织管理为主，劳务派遣单位党组织密切配合、主动联系，将其纳入党组织有效管理之中。劳务派遣人员比较集中的单位，可将劳务派遣人员党员组织关系转接至用人单位所在社区党组织，成立独立党支部集中管理，由用人单位党组织和社区党组织共同负责党员教育管理工作。

问：集体外出工作的党员怎么管理？

答：集体外出、地点相对集中且外出时间较长的党员，可不转移党员组织关系，由原所在党组织在他们中建立党组织并进行管理，所去地方或单位党组织协助管理；也可以由原所在党组织委托所去地方或单位党组织管理，原所在党组织协助管理。

（六）　参考模板

- 劳务派遣党员登记表
- 劳务派遣党员名册
- 流动党员登记表
- 流动党员名册

7

劳务派遣党员登记表

姓名		性别		民族		出生日期	年 月 日
户口所在地						籍　贯	
身份证号						婚姻情况	未婚/已婚/其他
入党时间			是/否在预备期			转正时间	
组织关系所在党组织						联系人及联系电话	
劳务派遣单位						联系人及联系电话	
用工单位						联系人及联系电话	
现工作岗位						联系电话	
现住址						邮政编码	
简要工作经历							
有必要向党组织说明的事项(含奖、惩情况)							

8

劳务派遣党员名册

序号	姓名	性别	出生年月	入党时间	劳务派遣单位及联系人、联系方式	组织关系所在党组织及联系人、联系方式	本人联系方式	备注

9

流动党员登记表

姓名		性别		民族		出生日期	年　月　日
户口所在地					籍　贯		
身份证号					婚姻情况		未婚/已婚/其他
入党时间			是/否在预备期		转正时间		
原组织关系所在单位					联系人及联系电话		
现工作单位及岗位					联系电话		
现住址					邮政编码		
简要工作经历							
有必要向党组织说明的事项（含奖、惩情况）							

流动党员名册

序号	姓名	性别	出生年月	入党时间	流动类型（流出/流入）	流出/流入时间	流向党支部/流出党支部及联系人、联系方式	本人联系方式	备注

五 党员评价

党员评价是保持党员队伍先进性和纯洁性、激发党员内生活力的重要手段。通过开展党员评价，不断提升党员管理的精细化、科学化水平，引导广大党员在平常时候看得出来、在关键时刻站得出来、在危急关头豁得出来，进一步发挥先锋模范作用。

（一） 评价内容

党支部可围绕"四个合格"标准，结合党支部中心工作实际，重点关注党员思想政治、工作表现、作风纪律、奖惩情况等方面，确定评价内容。评价细则要在征求全体党员意见的基础上，经党支部委员会会议审议、党员大会通过后实施。

（二） 评价方式

党员评价要坚持实事求是、民主公开的原则，以符合党支部中心工作实际、得到广大党员积极响应的方式进行。

★ **日常评价和年度评价相结合。**党支部可通过积分管理、看板管理、月度或季度评价等方式，体现党员日常表现情况。每年年底结合日常评价、民主评议情况，组织对党员开展综合性的年度评价。

★ **定性评价和定量评价相结合。**对于党员思想表现、工作态度、作风纪律情况等，党支部可通过问卷调查、满意度评价、个别访谈等多个维度，进行定性评价。对于参加党组织活动、工作能力、业务水平、作用发挥以及受到奖惩情况等，可以通过查阅记录资料、比对工作业绩等方式，进行定量评价。

（三） 评价程序

党员评价可参照以下程序进行。

★ **本人自评。**党员本人对照党支部党员评价内容和评价细则，进行自评打分。

★ **党员互评。**党员根据日常学习和工作了解掌握的情况，对其他党员进行评分。

★ **党支部评定。**党支部根据本人自评、党员互评情况，结合日常掌握情况，按照评价细则进行评分，经党支部委员会会议审议。未设置党支部委员会的，由党员大会审议。

★ **公示**。评价结果在党支部公告栏公示，接受党员群众的监督，受理党员申诉。

★ **形成评价结果**。公示到期后，形成最终评价结果。

（四） 结果应用

党员评价的结果，可以在绩效评价、民主评议、评先评优和考察反馈等工作中应用。

★ **绩效评价**。可将党员日常评价结果按一定比例纳入党员月度或季度绩效管理，年度评价结果按一定比例纳入党员年度绩效，通过绩效兑现，进一步强化对党员的全方位管理。

★ **民主评议**。可将日常评价结果作为党支部年度民主评议党员的重要参考，在开展组织评定、确定党员年度评议等次时，结合民主测评情况和评价情况进行确定。

★ **评先评优**。日常评价和年度评价结果可作为党员评先评优的重要依据。

★ **考察反馈**。在上级党组织选人用人考察了解情况时，党支部可将党员日常评价和年度评价情况作为选拔推荐重要岗位和领导人员岗位的重要信息进行反馈。

（五） 典型案例

案例1：党员积分红色存折管理

某供电公司变电检修公司党总支组织各党支部实行党员积分红色存折管理，强化党员日常评价。

党支部为每名党员配备一本红色存折积分管理手册。手册按照"四讲四有"，分为政治合格、执行纪律合格、品德合格、发挥作用合格四大类。每一类细化为三个二级指标，涵盖理想信念、"四个意识"、遵守党章党纪、遵守国家法律法规、执行公司规章制度、作风形象、职业道德、个人品行、工作态度、工作能力、工作业绩、奖励积分十二个方面。每一个二级指标再细化为若干具体评分事项及评分标准，如党员参加"三会一课"及主题党日活动情况、参加集中培训学习情况、指标排名获积分情况等。除累计积分外，还设置否决项，如对违纪、违章等现象实行"一票否决"制度。

党员日常对照评分细则开展自评，累计积分，动态评分。每月主题党日，党支部结合党员自评情况和具体表现对其开展评议。党员积分情况在党支部微信群和党支部党务公开栏公开，接受全体党员共同监督，作为年度评先选优和党员民主评议的重要依据，实现了党员考核"过程真评，结果真用"，推动党员评价科学化、规范化和精细化，有力促进了党员作用发挥。

案例2：党员量化积分管理

某供电公司党支部为加强党支部党员日常管理，更好发挥先锋模范作用，实行党员量化积分管理。

积分内容：根据党员参加"三会一课"、主题党日等组织生活情况以及交纳党费等活动情况，完成岗位工作、参与重点工程或重大项目等情况，服务基层一线、服务客户和群众情况等，进行加分。对发生作风纪律问题、责任性投诉等负面事项的，进行减分。由党支部委员会分情况、分内容、分等级对党员进行积分，每项加分或者减分区间为1~10分。

积分管理：由党支部委员会组成积分考评小组，制作日常积分表，每月定期为党员记录积分，在党支部公开栏内进行公示。年底将党员个人全年平均得分按百分制进行折算，形成年度量化积分结果。

积分应用：将量化积分情况作为重要依据，在组织生活会上开展批评和自我批评。对积分排名靠前的党员，作为评先评优对象，并在政治待遇、学习培训、关怀帮扶等方面给予激励。对积分较低、排名靠后的党员，取消评先评优资格，由党支部负责人对其进行谈话。

案例3：党员评价的可视化管理

某供电公司党支部每月根据党员参加"三会一课"、主题党日活动的情况，结合党员当月工作业绩、技能提升情况、志愿服务参与度等方面，对每名党员从政治性、先进性、引领性进行考评，通过"三性"看板公示，有效营造了党员创先争优"比学赶超"的良好氛围。其中，政治性一栏主要包括服从组织要求、上级部署、学习安排的情况；先进性一栏主要包括是否工作任务重一点、工作标准严一点、工作成效好一点；引领性一栏主要包括带头开展"先进带后进、党员带群众"工作、带头投身急难险重任务、带头参加为民志愿服务的情况。

（六）常见问题

问：党支部是否必须开展党员评价？

答：党支部必须开展民主评议党员工作，对党员年度表现情况进行评定。党支部一般应结合自身实际，采取恰当的评价方式，开展党员日常评价。

问：党员评价工作中，如有党员对评价结果进行申诉，应如何处理？

答：党支部应认真对待党员的申诉，如确有不妥的，应及时调整；如因党员对评价标准或方式理解出现偏差而提出质疑的，应耐心向党员进行解释说明。

问：党员评价能否邀请群众参与？

答：可以，特别是在进行问卷调查、满意度评价、个别访谈等方式时，可以广泛邀请群众参加。

问：如何有效通过党员评价，更好发挥党员先锋模范作用？ ≫≫

答：党支部对党员的评价，应认真研究其内容和方式，贴近党支部中心工作，突出对党员思想、工作和作风等方面的评价，征求党员意见建议后实施。评价过程和结果及时公开，注重结果应用。

问：党员评价工作中要注意哪些问题？ ≫≫

答：①要注意评价时段与评价方式相适应，关于某项重大工作的评价，短时段和长时段的评价其评价方式是有区别的，不能采取一刀切的思维，简单地应用一种评价方式。②要注意对评价内容中相对复杂、又具有一定原则性的内容，进行科学合理的量化、细化，确保可操作性。③在党员考核评价中，采取无记名打分投票是常见方式，要注意结合党员的综合表现，避免唯票取人、唯分定性。

（七）参考模板

📄 党员评价内容参考

11

党员评价内容参考

一、思想政治

思想表现情况。忠诚拥护"两个确立"、自觉增强"四个意识"、坚定"四个自信"、做到"两个维护"情况；在思想上政治上行动上同以习近平同志为核心的党中央保持高度一致，自觉加强学习，增强党性修养，深入学习贯彻习近平新时代中国特色社会主义思想情况。

参加党组织活动情况。落实党支部七项组织生活制度，积极参加党支部、党小组活动情况，定期向所在党支部汇报个人思想和工作开展情况；按照上级党组织或所在党支部、党小组组织的要求定期接受党员教育培训情况。

二、工作表现

工作态度。是否能够始终保持干事创业、开拓进取的精气神，具有饱满的工作热情，脚踏实地、主动作为、甘于奉献，先锋模范作用突出。是否能够主动完成工作职责规定的工作任务，积极参加业务培训，全力配合其他部门开展协作，能够做到及时响应。

工作能力。是否能够按照党组织的要求亮明工作职责，对安排的任务不打折扣执行；是否能够积极创先争优，为集体荣誉贡献力量；是否主动为企业的发展建言献策，促进公司创新发展；是否积极履行社会责任，维护公司品牌形象。

业务水平。是否能够主动加强业务学习，个人专业技术技能水平过硬，能够成为本岗位业务骨干、业务标杆，高标准完成各项工作任务，努力创造一流业绩。

作用发挥。是否能够自觉参加急难险重任务、志愿服务，在大战大考中敢于冲锋在前，能够带动身边同志共同进步，充分发挥先锋模范作用。

三、作风纪律

遵守党章党纪。是否能够自觉遵守党章，对党的纪律心存敬畏、严格遵守，对党忠诚，言行一致、表里如一，自觉维护党的团结统一。

遵守国家法律法规。是否能够带头遵守国家法律法规，学法懂法守法用法，做到办事依法、遇事找法、解决问题靠法。

执行公司规章制度。是否能够带头执行公司规章制度和廉洁从业各项规定，遵规守纪、令行禁止、干事干净。是否能够模范遵守国家电网公司员工守则和"三个十条"，忠诚企业、爱岗敬业、尽职尽责。

四、奖惩情况

受表彰奖励情况。党员个人受表彰情况，包括技术创新获奖情况、技能竞赛比武获奖情况、受党内表彰情况、受上级党组织表扬表彰情况，以及在各类文化体育活动中的获奖情况。

受惩处情况。党员个人受惩处情况，包括违反中央八项规定精神和公司实施细则情况，存在"四风"问题情况，存在涉电经营、吃拿卡要等情况，因违反国家法律法规而被法律法规惩处情况，因个人责任而导致的公司舆情事件，以及上级党组织通报批评等情况。

六 党员档案管理

党员档案是人事档案的一部分，是党员加入党组织和参加党组织活动的证明性材料。

（一） 主要内容

各省市地方党委对党员档案的内容和要求可能存在差异。一般包括以下材料：

★ **申请入党阶段。**

◎ 入党申请书

◎ 党支部指派专人同入党申请人谈话记录

★ **入党积极分子的确定和培养教育阶段。**

◎ 党支部委员会确定入党积极分子意见（包括党员推荐、群团组织推优情况）

◎ 备案报告

◎ 入党积极分子考察登记表

◎ 培养教育情况

◎ 思想汇报

★ **发展对象的确定和考察阶段。**

◎ 党小组意见（如有党小组）

◎ 培养联系人意见

◎ 党员和群众意见

◎ 讨论确定发展对象党支部委员会（党员大会）记录

◎ 备案报告

◎ 政治审查结论性材料

◎ 其他政审材料

◎ 集中培训合格证

◎ 思想汇报

★ **预备党员的接收阶段。**

◎ 党支部委员会及党总支委员会审查意见

◎ 基层党委预审意见

◎ 发展新党员审查表

◎ 公示情况

◎ 讨论接收预备党员支部大会记录、票决情况

◎ 入党志愿书

★ **预备党员的教育考察和转正阶段。**

◎ 参加入党宣誓情况

◎ 预备党员考察登记表

◎ 入党志愿书

◎ 思想汇报

◎ 转正申请书

◎ 党员和群众意见

◎ 党小组意见（如有党小组）

◎ 党支部委员会审查意见

◎ 公示情况

◎ 讨论预备党员转正支部大会记录、票决情况

◎ 预备党员转正批复

（二） 管理要求

◎ 入党申请人提交入党申请后，所在党支部负责建立档案。

◎ 预备党员转正后，党支部应当及时将档案中的《入党志愿书》、入党申请书、政治审查材料、转正申请书和培养教育考察材料，交党委组织人事部门存入本人人事档案。

（三） 党员档案补办

各省市地方党委对于党员档案补办的要求可能存在差异，以组织关系所在地方党委要求为准。

预备党员转正前，相关资料遗失的，由党支部根据相关会议记录等进行补办，涉及政治审查材料的，联系相关党组织重新出具。

预备党员转正后，已存入本人人事档案的相关资料遗失的，分情况处理。①如为入党申请书、转正申请书，由本人补办并经党支部审核后提交归档。②如为政治审查材料、培养教育考察材料，转正时间较近的，由党支部联系补办，经基层党委审核后提交归档；转正时间较久的，发展其为党员的相关党组织已变更的，可由党员当前所在党支部出具说明，经基层党委审核后提交归档。③如为《入党志愿书》，需按以下流程进行补办。

1. 调查核实身份

党员档案丢失的，要经调查核实，确认其党员身份后，才能为其补办党员档案。丢失档案的党员组织关系所在党支部，要派人前往该党员入党时所在党组织调查或函调，取得入党时所在党支部出具的党员身份证明材料，以及基层党委核实其党员身份的真实性后出具的审查意见。

2. 提交补办申请

党员所在基层党委核实党员身份后，由党员本人提出补办档案书面申请并联系其入党时所在党组织及相关工作单位补办证明材料。

3. 入党介绍人证明

要写明何时何地介绍其入党，由谁主持召开接收其为预备党员或通过预备党员转正的党员大会，是否形成决议。如无法取得入党介绍人的证明，则应有两名以上熟悉当时情况的党员出具书面证明。证明材料上要写明入党介绍人的身份证号码、手机号码，证明人签字、摁手印。

4. 入党时所在党支部证明

要写明入党申请、确定入党积极分子、接收预备党员和批准预备党员的具体时间和党员大会决议情况。并附党支部委员会会议／党员大会会议记录复印件。证明材料需现任党支部书记签字并加盖党支部章。

5. 入党时所在党委证明

要写明基层党委审批的意见和时间，党组织证明材料需加盖印章，由党组织负责人签字，并附上党委研究批准接收其为预备党员及预备党员转正的会议记录复印件。如党员本人入党时所在党委无法提供相关证明，或党员工作经历复杂（隶属不同党委、支部），均需由不同党组织对其在不同时间段内政治、思想、工作、作风等方面情况的证明。

6. 现所在党委确认党员身份

基层党委审核确认其党员身份后，出具确认党员身份的批复，基层党委相关负责人和具体经办人要分别签字并加盖党委公章，并附所在党支部书记和具体经办人签字、摁手印的证明。

7. 申领《入党志愿书》

基层党委携带上述所有资料原件和复印件，向所在地方党委申领《入党志愿书》。

8. 补填《入党志愿书》

补填《入党志愿书》。党员本人补填《入党志愿书》后提交本人所在党支部，党支部按管理权限上报上级主管部门审核确认。

9. 党支部填写有关决议内容

党员当前所在党支部填写《入党志愿书》中"支部大会通过预备党员能否转为正式党员的决议"栏中的相关内容，连同有关请示、批复及相关证明材料按党员档案管理权限送交党委审核。

10. 审核归档

党员当前所在党委在《入党志愿书》"基层党委审批意见"栏中填入审批意见后存档。

（四）党员档案补办流程图

党员档案（以《入党志愿书》为例）补办流程图详见图1。

01 **调查核实身份。** 党员档案丢失的，要经调查核实，确认其党员身份后，才能为其补办党员档案。丢失档案的党员组织关系所在党支部，要派人前往该党员入党时所在党组织调查或函调，取得入党时所在党支部出具的党员身份证明材料，以及基层党委核实其党员身份的真实性后出具的审查意见。

02 **提交补办申请。** 党员所在基层党委核实党员身份后，由党员本人提出补办档案书面申请并联系其入党时所在党组织及相关工作单位补办证明材料。

04 **入党时所在党支部证明。** 要写明入党申请、确定入党积极分子、接收预备党员和批准预备党员的具体时间和党员大会决议情况。并附党支部委员会会议／党员大会会议记录复印件。证明材料需现任党支部书记签字并加盖党支部章。

03 **入党介绍人证明。** 要写明何时何地介绍其入党，由谁主持召开接收其为预备党员或通过预备党员转正的党员大会，是否形成决议。如无法取得入党介绍人的证明，则应有两名以上熟悉当时情况的党员出具书面证明。证明材料上要写明入党介绍人的身份证号码、手机号码，证明人签字、摁手印。

05 **入党时所在党委证明。** 要写明基层党委审批的意见和时间，党组织证明材料需加盖印章，由党组织负责人签字，并附上党委研究批准接收其为预备党员及预备党员转正的会议记录复印件。如党员本人入党时所在党委无法提供相关证明，或党员工作经历复杂（隶属不同党委、支部），均需由不同党组织对其在不同时间段内政治、思想、工作、作风等方面情况的证明。

06 **现所在党委确认党员身份。** 基层党委审核确认其党员身份后，出具确认党员身份的批复，基层党委相关负责人和具体经办人要分别签字并加盖党委公章，并附所在党支部书记和具体经办人签字、摁手印的证明。

08 **补填《入党志愿书》。** 补填《入党志愿书》。党员本人补填《入党志愿书》后提交本人所在党支部，党支部按管理权限上报上级主管部门审核确认。

07 **申领《入党志愿书》。** 基层党委携带上述所有资料原件和复印件，向所在地方党委申领《入党志愿书》。

09 **党支部填写有关决议内容。** 党员当前所在党支部填写《入党志愿书》中"支部大会通过预备党员能否转为正式党员的决议"栏中的相关内容，连同有关请示、批复及相关证明材料按党员档案管理权限送交党委审核。

10 **审核归档。** 党员当前所在党委在《入党志愿书》"基层党委审批意见"栏中填入审批意见后存档。

图1 党员档案（以《入党志愿书》为例）补办流程图

（五） 常见问题

问：预备党员的《入党志愿书》因组织保管不慎或转递中遗失，应如何处理？ ≫≫

答：有关党组织应负责及时查找，如果查无下落，证明确已遗失，可由党组织按有关规定为其补办，不应影响其按期办理转正手续。

问：党员档案补办时，入党时所在党支部已撤销，应如何处理？ ≫≫

答：入党时所在党支部已撤销的，一般应通过其上级党组织给出证明，并查找党员大会和党支部委员会会议记录。无法查到的，应联系时任党支部书记、党支部委员等多方面提供证明。

（六） 参考模板

- 函调证明材料（补办入党材料）
- 关于补办本人党员档案的申请
- 关于介绍 ××× 同志入党有关情况的证明
- 关于 ××× 同志入党有关情况的证明
- 关于 ××× 同志的入党情况证明材料（入党时所在党支部）
- 关于 ××× 同志的入党情况证明材料（入党时所在党委）
- 关于确认 ××× 同志的党员身份的说明（目前所在党委）
- 补办《入党志愿书》填写说明

12

函调证明材料

（补办入党材料）

字第　　号

_____(单位名称)：

　　请转你处　**党组织**　为我处_____同志写一证明材料（详见入党情况函调登记表）。写好后请盖章，连同函调回信一并转回。

回信地址：××市××县市区××路××单位

　　　　　　××××党委

联系人：×××

联系电话：××××××××××

（盖　章）

年　　月　　日

函　调　回　信

字第　　号

_____：

　　你处所要之_____同志入党情况函调登记表已写好，请查收。

附注：

联系人：

联系电话：

（盖　章）

年　　月　　日

关于 ××× 同志入党情况函调登记表

姓名		性别		出生日期		民族	
政治面貌		入党时间			入党时所在党组织		
入党情况介绍							
有无政治历史问题及结论如何							
在"文革"期间、"六四"动乱、揭批"法轮功"等重大政治斗争中的表现，结论如何？							
其他需要说明的情况							
单位党组织 （盖章） 年 月 日		证明人					
		证明人身份					

注 此表请用钢笔或水笔填写，表内栏目没有内容填写时，应注明"无"或"否"。

13

关于补办本人党员档案的申请

_____**党委：**

　　本人入党时所在单位为_____，并在_____等单位
（部门）工作过，现根据人力资源部及党建工作部档案清查发现本人党员档案材料丢失，为确定
本人党员身份，现申请补办相关入党材料，请予以批准。

本人签字：　　　　　　　　　　　　　　　　所在党支部负责人签字（盖章）：

　　　　　　　　　　　　　　　　　　　　　　　　　年　　　月　　　日

14

关于介绍 ×××同志入党有关情况的证明

　　本人姓名为_____，____（男／女），____族，现任_____。是_____同志的入党介绍人，于____年____月____日介绍_____同志入党。_____同志在政治思想上，能够自觉同党中央保持一致，坚持四项基本原则，对党的认识明确，工作敬业，为人正派，团结同志，对党忠诚老实，入党动机端正。经____年____月____日_____党支部召开党员大会，一致通过将其发展为中共预备党员。此情况属实，我可以证明，并对此负责。

证明人:（签名）

_____年____月____日

15

关于 ××× 同志入党有关情况的证明

    本人姓名为＿＿＿＿＿，＿＿＿（男／女），＿＿＿族，现任＿＿＿＿＿＿＿。本人熟悉＿＿＿＿同志当时入党情况，＿＿＿＿＿＿同志在政治思想上，能够自觉同党中央保持一致，坚持四项基本原则，对党的认识明确，工作敬业，为人正派，团结同志，对党忠诚老实，入党动机端正。经＿＿＿年＿＿＿月＿＿＿日＿＿＿＿＿＿党支部召开党员大会，一致通过将其发展为中共预备党员。此情况属实，我可以证明，并对此负责。

证明人:（签名）

＿＿＿＿＿年＿＿＿月＿＿＿日

16

关于 ××× 同志的入党情况证明材料

(入党时所在党支部)

_____(姓名),____(男／女),_____(民族),_____ 年 ____ 月 ____ 日出生,原所在单位为 _____ 。

其本人于 _____ 年 ____ 月 ____ 日提交入党申请,并于 _____ 年 ____ 月 ____ 日被确定为入党积极分子,_____ 年 ____ 月 ____ 日由 _____ 党支部大会通过接收其为预备党员,并于 _____ 年 ____ 月 ____ 日由党委批准。

附:党支部委员会会议、党员大会会议记录复印件

_____党支部:(盖章)

证明人:_____

_____年____月____日

17

关于 ××× 同志的入党情况证明材料

（入党时所在党委）

_____（姓名），___（男／女），_____（民族），_____ 年 ___ 月 ___ 日出生，原所在单位为 _____ 。

该同志于 _____ 年 ___ 月 ___ 日提交入党申请，并于 _____ 年 ___ 月 ___ 日被确定为入党积极分子，_____ 年 ___ 月 ___ 日由 _____ 党支部大会通过接收其为预备党员，并于 _____ 年 ___ 月 ___ 日由党委批准。

附：党委研究批准接收其为预备党员（预备党员转正）会议记录复印件

_____党委：（盖章）

_____年___月___日

18

关于确认 ××× 同志的党员身份的说明

（目前所在党委）

_____（姓名），____（男／女），_____（民族），_____ 年 ____ 月 ____ 日出生。

该同志于 _____ 年 ____ 月 ____ 日向 _____ 党支部提交补办党员材料申请，经 _____ 等党组织提供的相关证明材料并经党委会研究通过，确认其党员身份，其入党时间为 _____ 年 ____ 月 ____ 日。

附：党委会记录复印件

_____党委:（盖章）

_____ 年____月____日

19

补办《入党志愿书》说明

1.《入党志愿书》中 1～7 页按照现在的情况如实填写，落款时间为补填时间，8～10 页不需填写。

2."支部大会通过预备党员能否转为正式党员的决议"栏中，由党员所在党组织填写"经调查，×××同志于×年×月×日，由×××、×××同志介绍，经××党支部研究，××党（工）委审批，接收为中共预备党员；×年×月×日，经××党（工）委审批，按期转正。因其《入党志愿书》遗失，特此补填。"（原单位党组织已撤销的，须在党组织名称前加"原"字注明），党组织负责人签字并加盖党组织印章。

3."党委审查（审批）意见"栏中，由所在党委填写"同意补填《入党志愿书》，入党时间为×年×月×日。"现任党委书记签字并加盖党委印章。以上各个栏目的落款时间均为补填时间。

4."备注"栏中，由上级主管部门填写"经调查核实，×××同志系中共党员，同意补填《入党志愿书》，其入党时间为×年×月×日。"落款并加盖部门印章。

第三章 党员监督

党员监督是指各级党组织和广大党员依据党章、党规党纪和国家法律法规对党员进行监督，是贯彻落实全面从严治党要求、增强党员队伍自我净化、自我完善、自我革新、自我提高能力的重要举措。

一 党支部监督

（一） 主要内容

党支部应当按照《中国共产党党内监督条例》要求，对党员履行以下监督职责：

◎ 遵守党章党规党纪特别是政治纪律和政治规矩，遵守宪法法律法规和道德规范情况，发现党员、干部存在违规违纪违法行为及时教育或者处理，问题严重的应当向上级党组织报告；

◎ 严格党的组织生活，开展批评和自我批评，监督党员切实履行义务，保障党员权利不受侵犯；

◎ 了解党员、群众对党的工作和党的领导干部的批评和意见，定期向上级党组织反映情况，提出意见和建议；

◎ 严格纪律监督，正确运用"第一种形态"，及时会商移交问题线索，红脸出汗、抓早抓小，严明纪律规矩，营造良好政治生态。

（二） 主要方式

1. 严格组织生活

通过严格规范开展"三会一课"、主题党日、组织生活会、民主评议党员、谈心谈话、党员汇报等，了解党员政治表现、党性修养、工作成效和作用发挥情况。

2. 检查党员工作

通过检查了解党员岗位工作的完成情况，重点掌握党员在日常工作中发挥先锋模范作用和联系服务群众情况。

3. 听取群众意见

党支部可通过多方面听取群众意见，了解掌握党员遵纪守法情况、发挥先锋模范作用情况、联系服务群众情况等。

4. 积极主动运用"第一种形态"

党支部发现党员在思想、作风、纪律等方面出现苗头性、倾向性问题，或者存在违纪行为，但情节轻微，不需要给予党纪处分或组织调整等情形，要积极主动运用"第一种形态"予以处置，包括提醒谈话、警示谈话、批评教育、限期整改、责令作出书面检查、召开组织生活会批评帮助等。

5. 及时会商移交问题线索

发现违反党纪或涉嫌职务违法、职务犯罪等问题线索，要及时与本单位纪检监察部门会商，移交相关材料。

二 党员日常监督

（一） 主要内容

党员应当本着对党和人民事业高度负责的态度，履行下列监督职责：

◎ 加强对党员领导干部的民主监督，及时向党组织反映群众意见和诉求。

◎ 在党的会议上有根据地批评党的任何组织和任何党员，指出工作中存在的缺点和问题。

◎ 参加党组织开展的评议党员领导干部活动，勇于触及矛盾问题、指出缺点错误，对错误言行敢于较真、敢于斗争。

◎ 向党组织负责地揭发检举党的任何组织和任何党员违纪违法的事实，坚决反对一切派别活动和小集团活动，同腐败现象作坚决斗争。

（二） 主要方式

1. 在组织生活会上开展批评和自我批评

每个党员都要按照党章和《关于新形势下党内政治生活的若干准则》提出的要求，自觉地拿起批评和自我批评这一武器，掌握和坚持正确的原则和方法，认真开展批评和自我批评。

2. 定期向党支部汇报

党员在汇报工作时，可以对党组织或其他党员提出批评和建议。

3. 对党员的评先评优、提拔任免提出意见和建议

在党员评先评优、提拔任免时，其他党员可以结合其日常表现和工作业绩，提出合理有据的意见建议。

4. 批评和举报党员违纪违法行为

党员有权在党的会议上有根据地批评党的任何组织和任何党员，向党负责地揭发、检举党的任何组织和任何党员违法乱纪的事实，要求处分违法乱纪的党员，要求罢免或撤换不称职的干部。

三 组织处置

监督发现党员存在问题的，根据情节轻重，进行提醒谈话、批评教育、限期改正、除名、党纪处分等组织处置。

◎ 发现党员有思想、工作、生活、作风和纪律方面苗头性倾向性问题的，以及群众对其有不良反映的，党组织负责人应当及时进行提醒谈话，抓早抓小、防微杜渐。

◎ 对党员不按照规定参加党的组织生活、不按时交纳党费、流动到外地工作生活不与党组织主动保持联系的，以及存在其他与党的要求不相符合的行为、情节较轻的，党组织应当采取适当方式及时进行批评教育，帮助其改进提高。

◎ 对缺乏革命意志，不履行党员义务，不符合党员条件，但本人能够正确认识错误、愿意接受教育管理并且决心改正的党员，党组织应当作出限期改正处置，限期改正时间不超过1年。对给予限期改正处置的党员应当采取帮助教育措施。

◎ 对符合给予除名处置的六大情形之一的党员，按照规定程序给予除名处置。六大情形具体包括：①理想信念缺失，政治立场动摇，已经丧失党员条件的，予以除名；②信仰宗教，经党组织帮助教育仍没有转变的，劝其退党，劝而不退的予以除名；③因思想蜕化提出退党，经教育后仍然坚持退党的，予以除名；④为了达到个人目的以退党相要挟，经教育不改的，劝其退党，劝而不退的予以除名；⑤限期改正期满后仍无转变的，劝其退党，劝而不退的予以除名；⑥没有正当理由，连续6个月不参加党的组织生活，或者不交纳党费，或者不做所分配的工作，按照自行脱党予以除名。

◎ 对违犯党纪的党员，按照《中国共产党纪律处分条例》规定给予党纪处分。

四 常见问题

问：党员监督工作中，如何维护党员的正当权益？

答：党组织应当保障监督对象的申辩权、申诉权等相关权利。经调查，监督对象没有不当行为的，应当予以澄清和正名。对以监督为名侮辱、诽谤、诬陷他人的，依纪严肃处理；涉嫌犯罪的移送司法机关处理。监督对象对处理决定不服的，可以依照党章规定提出申诉。有关党组织应当认真复议复查，并作出结论。

问：党支部纪检委员应该如何履行职责？

答：①及时传达党风廉政建设和反腐败部署要求，常态开展党性党风党纪教育工作，抓好责任分解、组织落实，防止和纠正不正之风。②检查党员执行党章和党的纪律情况，加强群众监督，及时提醒苗头性、倾向性问题。③广泛收集问题线索，发现重大违规违纪问题及时报告，配合开展受理、初核等工作。④引导党员按照《党章》《中国共产党党员权利保障条例》规定，履行义务、行使权利。⑤考察了解受处分党员改正错误情况，经常性开展帮助和教育。

问：党员如何依纪依法发挥监督作用？

答：①通过党内正常途径进行监督，积极参加党的会议，对党组织和党员的缺点错误提出批评，不能散布小道消息，私下散发匿名信等材料。②反映、批评他人的问题要出于党性、出于公心，不能主观武断也不能发泄私愤，更不能诬告陷害、侮辱诽谤。

问：党员应当向党组织请示哪些事项？

答：①从事党组织所分配的工作中的重要问题。②代表党组织发表主张或者作出决定。③按照规定需要请示的涉外工作交往活动。④转移党的组织关系。⑤其他应当向党组织请示的事项。

第四章 党员服务

做好党员服务工作，有利于进一步增强广大党员的荣誉感、归属感和使命感，在调动党员积极性、主动性和创造性等方面具有重要意义。

一 保障党员权利

党组织必须尊重党员主体地位，强化管党治党政治责任，将党员权利保障融入新时代党的建设，严格按照党章和其他党内法规保障党员各项权利、完善党员权利保障制度机制。

党员应当增强党的观念和主体意识，将行使党章规定的权利作为对党应尽的责任，向党组织讲真话、讲实话、讲心里话，敢于担当、敢于负责，遵守纪律规矩，正确行使权利。

党员享有的党章规定的各项权利必须受到尊重和保护，党的任何一级组织、任何党员都无权剥夺。预备党员除了没有表决权、选举权和被选举权以外，享有同正式党员一样的权利。

党员行使权利时不得侵犯其他党员的权利。

（一） 党员权利的主要内容

★ **党内知情权。**按规定参加党的有关会议、阅读党的有关文件，了解党的路线方针政策和决议、所在党组织相关工作情况等。

★ **接受党的教育培训权。**参加党组织安排的集中学习教育、专题学习教育、集中轮训、脱产培训、网络培训。

★ **党内参加讨论权。**在党的会议上和党报党刊上参加关于党的理论、政策的学习讨论，并充分发表意见；按规定在党内参加有关重要决策和重要问题的讨论、征求意见等。

★ **党内建议和倡议权。**以口头或书面方式提出建议和倡议，按规定推荐优秀干部，在党组织巡视巡察、检查督查中提出建议。

★ **党内监督权。**在党的会议上以口头或书面方式有根据地批评党的任何组织和任何党员，在民主评议中指出其他党员的缺点错误；向党组织反映对本人所在党组织、领导干部、其他党员的意见；向党组织负责地揭发、检举党的任何组织和任何党员的违纪违法事实。

★ **党内提出罢免撤换要求权。**向所在党组织或者上级党组织反映领导干部不称职的情况，负责地提出罢免或者撤换不称职领导干部的要求。

★ **党内表决权。**按规定在党组织讨论决定问题时参加表决，在表决前了解情况，在讨论中充分发表意见。表决时可以表示赞成、不赞成或者弃权。

★ **党内选举权和被选举权。**参加党内选举，了解候选人情况、要求改变候选人、不选任何一个候选人和另选他人。有权经过规定程序成为候选人和当选。

★ **党内申辩权。**实事求是地对被反映的本人问题向党组织作出说明、解释；在基层党组织讨论决定对自身处分或者作出鉴定时，有权参加和进行申辩，其他党员可以为其作证和辩护。

★ **党内提出不同意见权。**对党的决议和政策如有不同意见，在坚决执行的前提下，有权向党组织声明保留并向党的上级组织反映；按规定在党组织讨论决定"三重一大"事项或征求意见、干部选拔任用及公示等过程中提出不同意见。不得公开发表同中央决定不一致的意见。

★ **党内请求权。**遇到重要问题需要党组织帮助解决的，按规定程序逐级向本人所在党组织、上级党组织提出请求，并要求给予负责的答复。

★ **党内申诉权。**对党组织给予本人的处理、处分或作出的鉴定、审查结论不服的，按规定程序提出申诉。认为给予其他党员的处理、处分或作出的鉴定、审查结论不当的，按规定程序提出意见。

★ **党内控告权。**合法权益受到党组织或者其他党员侵害的，有权提出控告，要求对侵害其合法权益的行为依规依纪进行处理。

（二） 保障党员权利的主要方式

★ **党务公开。**党支部应当按照规定确定党务公开的内容、方式和范围，保障党员及时了解党内事务。上级党组织重要会议召开后，党支部应当按照规定将会议内容和精神向党员传达。党支部作出的决议决定应当按照规定及时向党员通报。

★ **组织生活。**党支部应当按照规定召开党员大会、党小组会、党支部委员会会议和组织生活会，开展谈心谈话，组织民主评议，保障党员参加学习讨论、议事决策，进行批评和自我批评。

★ **教育培训。**党支部应当按照规定、有计划地对党员进行教育和培训，深入开展党的创新理论教育，加强党性教育和理想信念教育，注重了解和掌握党员的学习需求，创新教育培训方式，有针对性地开展培训，保证党员接受教育培训的学时和质量。

★ **听取意见建议。**党支部应当通过受理来信、谈心谈话、电话访谈等方式，支持和鼓励党员对党的工作提出建议和倡议。对于党员的建议和倡议，党支部应当认真听取、研究，合理的应当采纳；对改进工作有重大帮助的，应对提出建议和倡议的党员给予表扬。对于持有不同意见的党员，只要本人坚决执行党的决议和政策，就不得对其歧视或者进行追究。

★ **落实民主集中制**。党支部讨论决定问题必须坚持民主集中制，执行少数服从多数原则，决定重要问题应当按照规定进行表决。表决前应当充分讨论酝酿，表决情况和不同意见及其理由应当如实记录。

★ **民主监督**。党支部应当严格落实党内民主监督各项制度，畅通监督渠道，支持和鼓励党员发扬斗争精神，同各种违纪违法行为和不正之风作斗争。对于党员的批评、揭发、检举、控告以及提出的有关处理、处分和罢免、撤换要求，党支部应当按照规定及时恰当处理，并给予负责的答复。

二 表彰激励

通过党内推优、组织推荐、典型选树、表扬宣传等形式，加强对党员的政治激励、荣誉激励，能够充分调动党员的积极性、主动性、创造性，激励他们更好发挥先锋模范作用。

（一） 党内推优

1. 党内推优类别

★ **优秀共产党员。** 模范遵守党章党规党纪，争做"四个合格"党员，做到带头学习提高、带头履职尽责、带头服务群众、带头忠诚企业、带头争创佳绩，可推荐表彰。

★ **优秀党务工作者。** 认真落实全面从严治党要求，模范履行职责、成绩显著的专职或者兼职党务工作者，做到政治素质强、工作能力强、创新意识强、作风形象强、奉献精神强，可推荐表彰。

2. 党内推优程序

党内推优一般可按如下程序进行：

★ **酝酿推荐。** 根据上级党委相关文件和通知要求，组织党支部党员进行民主推荐，酝酿推荐初步人选名单。

★ **资格审查。** 党支部按照上级党委推荐要求，组织专人对初步人选的政治素质、党性修养、业绩情况、受处分情况、是否存在"一票否决"情况等进行资格审查。

★ **提出建议名单。** 党支部委员会会议根据民主推荐情况、候选人初步人选资格审查情况，讨论研究提出建议名单。

★ **形成推荐名单。** 召开支部党员大会，对研究提出的建议名单进行表决，表决通过后形成推荐名单，并向上级党委推荐报送。

3. "一票否决"事项

在评选周期内，党员具有下列情形的，应执行推先推优"一票否决"：

◎ 违法犯罪被追究刑事责任；

◎ 受到纪律处分；

◎ 发生安全生产事故；

◎ 发生重大供电服务质量事件；

◎ 发生重大失泄密、稳定、舆情、上访事件；

◎ 存在隐瞒事实、弄虚作假等问题；

◎ 年度业绩考核为 C 级或 D 级；

◎ 年度民主评议党员为"基本合格"或"不合格"等次。

（二） 组织推荐

对自觉坚持以习近平新时代中国特色社会主义思想为指导，主动担当作为，具备正确的政绩观，有较强工作组织能力和较高专业素养的党员，可按相关组织程序，向上级党组织和组织部门推荐其担任重要岗位或领导人员岗位。在组织部门开展民主推荐和考察过程中，党支部应加强教育，组织党员客观、公正、全面地反映推荐人选或考察对象在德、能、勤、绩、廉等方面的情况。

（三） 典型选树

对政治过硬、道德高尚、群众满意，事迹特别突出、贡献特别突出、影响力特别突出的先进党员，党支部可按照相关工作程序，向上级党组织和专业管理部门推荐，选树为本单位先进典型、地方或行业先进典型、全国先进典型，充分发挥先进典型的示范引领作用。

（四） 表扬宣传

◎ 对能够认真落实上级党组织交办的各项任务，先锋模范作用充分发挥、工作业绩较为突出的党员，党支部可在"三会一课"、主题党日、谈心谈话等过程中，以口头表扬的形式，充分肯定党员的表现和成绩。

◎ 对能够充分发挥党员先锋模范作用，在大战大考、急难险重等重点任务中表现突出的党员，党支部可在党员大会上对其典型事迹进行通报表扬；事迹特别突出的，及时报上级党组织，提请上级党组织在更大范围进行通报表扬。

◎ 党支部可通过本单位门户网站、微信公众号等媒体平台，以及党支部宣传栏等宣传阵地，广泛宣传党员先进事迹。

三 关怀帮扶

开展党内关怀帮扶，必须坚持严管和厚爱结合、激励和约束并重，着力增强党员党的意识和宗旨意识，不断激发党员履职尽责、担当作为的内生动力。

（一）政治思想和工作关怀

◎ 严格党内政治生活，加强日常管理监督，教育引导党员珍视党员身份，积极参加党的活动，自觉加强党性锻炼。

◎ 按照有关规定，通过授予荣誉称号、表彰奖励和表扬等形式，对于作出贡献、表现突出的党员进行褒奖。

◎ 党员入党纪念日，党支部或者党小组可以采取有意义的方式，为党员过"政治生日"。

◎ 在培养发展入党和党员转接组织关系、获得荣誉表彰时，党组织应派人与其谈心谈话，给予鼓励鞭策。党员受到组织处理、纪律处分，或者发现有苗头性倾向性问题时，党组织应当及时谈话提醒，进行教育帮助。

◎ 对于犯过错误、受到处理或者处分的党员，党支部应当主动关心、加强教育，引导他们正确认识错误、努力改正错误，放下包袱、积极工作。

◎ 合理安排党员参加入职、岗位、晋职等培训，积极为党员职业发展创造良好条件。

◎ 关心关怀党员身心健康状况，及时了解掌握党员身患严重疾病、遭遇重大挫折、遭受家庭重大变故、经历重大自然灾害或者事故以及长期承担急难险重任务等情况，对于遭受严重心理创伤的党员，及时采取有效措施进行心理疏导和干预。

（二）重点对象关怀帮扶

◎ 关心关爱因公殉职、牺牲党员的家庭，逐户逐人建档立卡，掌握其父母和配偶、子女的经济来源以及养老就医、入学就业等情况，定期跟踪走访，帮助解决实际问题。

◎ 敬重关爱老党员，及时传达党的路线方针政策、上级党组织的决议和有关文件精神，注意听取他们的意见建议。热情提供学习教育、文体活动、健康咨询、心理慰藉等服务。对于重病、高龄、失能等特殊困难的老党员，应当经常上门看望，给予关心照顾。

◎ 主动了解掌握生活困难党员情况，组织开展走访慰问等活动，帮助协调解决实际困难。对于因参加重大任务、专项工作导致生活困难的，或者其家庭成员遇到重大自然灾害、重大意外事故、重大疾病等突发情况的，应及时派人上门看望慰问，帮助解决具体问题。

◎ 对于长期工作在边远贫困地区、边疆民族地区、革命老区等艰苦地区的基层一线党员干部，应当给予更多理解、关心和支持，宣传他们的奉献事迹。对于到艰苦地区工作和对口支援的党员干部，采取适当方式给予关心照顾，帮助解决后顾之忧。

四 常见问题

问：预备党员能否被评为优秀共产党员？

答：预备党员可以参加评选优秀共产党员的活动，在评选过程中，可以发表自己的意见和看法，但不宜被评选为优秀共产党员。这是因为预备党员还没有取得正式党员的资格，正在接受党组织的教育和考察。预备党员表现突出的，党组织可以进行表扬，或推荐参评其他专业荣誉。

问：受党内表彰同志的奖励问题怎么掌握？

答：受党内表彰同志的奖励，应坚持精神鼓励和物质奖励相结合、精神鼓励为主的原则。要严格执行《国家电网有限公司表彰奖励工作管理办法》等相关制度要求和本单位具体管理要求，按标准发放奖励金额，不得擅自提高奖励标准和扩大奖励范围。

问：对于受到处理或者处分的党员，影响期结束后，能否被授予党内表彰？

答：对于处分影响期已满、能够深刻认识并切实改正错误的党员，如其在本职岗位上做出成绩、表现突出，评先评优、职务职级晋升按照相关规定执行，不受影响。

问：党支部可以表彰优秀共产党员吗？

答：不可以。根据《中国共产党党内功勋荣誉表彰条例》规定，党中央和地方各级党委及其派出的代表机关、对下属单位实行集中统一领导的国家工作部门党委、基层党委，可以设立优秀共产党员、优秀党务工作者、先进党组织等表彰项目。而党支部没有权限设立优秀共产党员等表彰项目，党支部可根据上级党委相关文件和通知要求推荐人选。

问：生活困难党员如何认定？

答：重点关注是否属于以下类型：一是年老体弱、丧失劳动能力、生活特别困难的党员；二是本人或家庭成员罹患重病、遭受意外伤害或其他重大事故，导致生活困难的党员；三是遭受自然灾害或遭遇重特大事故，导致生活特别困难的党员；四是无经济来源、家庭负担特别重、生活特别困难的党员；五是经支部党员群众公认、党支部认可，生活特别困难的其他类型党员。对符合相关情况的党员，应进行核实确认。

五 参考模板

- 优秀共产党员评选标准参考
- 优秀党务工作者评选标准参考
- 党支部重点关怀帮扶对象台账

20

优秀共产党员评选标准参考

模范遵守党章党规党纪，争做"四个合格"党员，做到"五带头"。

1. 带头学习提高。深入学习贯彻习近平新时代中国特色社会主义思想，增强"四个意识"、坚定"四个自信"、做到"两个维护"，加强政治理论学习，努力提高能力素质，始终保持共产党员的先进性和纯洁性。

2. 带头履职尽责。严守政治纪律和政治规矩，严守公司劳动纪律和员工行为守则，牢固树立集团意识和公转意识，担当奉献、开拓进取，成为本职岗位上的标兵能手。

3. 带头服务群众。认真践行党的群众路线，牢固树立"人民电业为人民"的企业宗旨，加强作风建设，不断提升服务意识、服务能力和服务质量，主动接受职工群众监督。

4. 带头忠诚企业。坚守初心使命，弘扬努力超越、追求卓越的企业精神，践行公司核心价值观，敢为人先、勇当排头，以实际行动塑造和维护"国家电网"品牌形象。

5. 带头争创佳绩。具有强烈的事业心和责任感，在本职岗位上务实苦干、无私奉献，关键时刻冲得上去、危难关头豁得出来，工作业绩突出，得到党员、群众的一致认可。

21

优秀党务工作者评选标准参考

认真落实全面从严治党要求，扎实推进年度党的建设各项任务，在推动党建高质量发展中做到"五个强"。

1. **政治素质强**。带头学习政治理论知识，准确把握习近平新时代中国特色社会主义思想和党的路线方针政策，自觉同以习近平同志为核心的党中央保持高度一致。

2. **工作能力强**。热爱和熟悉党务工作，认真落实全面从严治党各项要求，坚决贯彻上级决策部署，切实做到以基层党建促进企业改革发展。

3. **创新意识强**。结合公司发展的新形势和员工队伍的新特点，积极探索运用基层党建工作的新途径新方法，创造性地开展工作并取得较好成效。

4. **作风形象强**。讲党性、重品行、作表率，坚持原则、廉洁奉公，在党员、群众中具有较高威信。

5. **奉献精神强**。爱岗敬业，埋头苦干，勇于担当，甘于奉献，具有连续两年以上党务工作经历。

党支部重点关怀帮扶对象台账

序号	姓名	性别	出生年月	入党时间	主要困难	近3年受帮扶情况	备注

第五章 作用发挥

党支部要结合工作实际，将党支部建设和党员日常教育管理与中心工作紧密结合起来，运用好各类党建工作载体，引导党员创先争优、担当作为，充分发挥党支部战斗堡垒作用和党员先锋模范作用。

一 党支部发挥战斗堡垒作用

党支部是党在基层组织中的战斗堡垒，是党全部工作和战斗力的基础，主要体现在政治领导力、思想引领力、群众组织力、社会号召力四个方面。

（一） 政治领导力

★ **坚持把党的政治建设摆在首位**，引导党员把拥护"两个确立"、做到"两个维护"，体现在坚决贯彻党中央决策部署的行动上，体现在履职尽责、做好本职工作的实效上，体现在日常言行上，不断提高政治判断力、政治领悟力、政治执行力。

★ **严明党的政治纪律和政治规矩**，严肃党内政治生活，持续加强党员教育管理，认真执行"三会一课"、主题党日、民主集中制、谈心谈话、民主评议党员等制度，确保组织生活经常化、规范化、制度化，不断强化党员政治教育和政治训练。

★ **切实加强党支部的政治引领**，引导党员群众把准政治方向，增强政治敏锐性和政治鉴别力，共同担负起爱党、为党、兴党、护党的责任。

（二） 思想引领力

★ **坚持用习近平新时代中国特色社会主义思想凝心铸魂**，深入学习党的二十大精神，注重经常性教育，开展好党内集中教育，用好各类党员学习平台，引导党员深刻理解"十个明确""十四个坚持""十三个方面成就"的丰富内涵，"两个结合"的理论特质，"六个必须坚持"的世界观和方法论，不断增进政治认同、思想认同、情感认同。

★ **加强理想信念教育**，引导党员始终保持理论上的清醒，进一步坚定信仰信念信心、增强志气骨气底气，紧紧凝聚在党的思想旗帜之下。

★ **加强"四史"学习**，认真落实党史学习教育常态化长效化举措，引导党员加强党史、新中国史、改革开放史和社会主义发展史的学习，让党员深入了解党的奋斗历程和伟大成就，传承红色基因，弘扬优良传统。

（三）群众组织力

★ **切实担负起组织群众、宣传群众、凝聚群众的职责**，立足党支部实际，在宣传栏、客户微信群等广泛宣传党的指导思想，大力弘扬社会主义核心价值观；结合供电服务工作，通过与地方党组织联点共建等多种方式，共同组织、凝聚群众推进基层治理和乡村振兴等。

★ **践行企业宗旨优质服务群众**，持续加强党的群众路线教育，引导党员牢记初心使命，持续增强服务群众的思想意识和行为自觉；聚焦"供好电、服好务"的主业主责，落实公司优质服务各项举措，为群众提供高效优质的供电服务。

★ **加强党建带群建**，充分发挥群团组织优势，进一步提振职工群众精气神，团结动员职工群众主动换位思考、问需于民，想群众之所想、急群众之所急，积极开展延伸服务、志愿服务，为群众解难事、做实事、办好事。

（四）社会号召力

★ **引领党员群众感党恩、听党话、跟党走**，宣传宣讲党的路线、方针、政策，特别是党中央各项惠民利民政策，让党员群众深刻感受党的温暖；坚持践行党的宗旨和群众路线，立足工作实际履行企业社会责任，争当基层党组织的标杆表率。

★ **带领党员群众共同应对急难险重任务**，在抢险救灾、抗冰保网、抗旱保电等急难险重任务中，广泛团结党员群众，为保障人民群众生命财产安全、服务人民美好生活共同奋斗。

★ **发挥先进典型的示范引领作用**，培养选树群众身边的先进典型，在全社会广泛宣传，以群众身边人、身边事激励群众，让可见可信可学的先进典型不断涌现。

二 党员发挥先锋模范作用

党员先锋模范作用主要体现在政治合格、执行纪律合格、品德合格、发挥作用合格四个方面。

（一） 政治合格

★ **在践行"两个维护"方面**，深刻领悟"两个确立"的决定性意义，牢固树立"四个意识"、坚定"四个自信"、做到"两个维护"，在思想上政治上行动上始终同以习近平同志为核心的党中央保持高度一致。

★ **在强化理论武装方面**，用习近平新时代中国特色社会主义思想凝心铸魂，坚持读原著学原文悟原理，深入把握其世界观和方法论，切实转化为坚定理想、锤炼党性和指导实践、推动工作的强大力量。

★ **在坚定理想信念方面**，牢记党的宗旨，树立正确世界观、人生观、价值观，自觉做共产主义远大理想和中国特色社会主义共同理想的坚定信仰者和忠实实践者。

（二） 执行纪律合格

★ **在遵守党章党纪方面**，自觉尊崇党章，严格执行新形势下党内政治生活若干准则，严守党的纪律特别是政治纪律和组织纪律，坚决反对"四风"尤其是形式主义、官僚主义。

★ **在遵守国家法律法规方面**，弘扬社会主义法治精神，带头学法懂法守法用法，做到办事依法、遇事找法、解决问题靠法。

★ **在执行公司规章制度方面**，带头执行公司规章制度和廉洁从业各项规定，遵规守纪、令行禁止、干事干净。

（三） 品德合格

★ **在作风形象方面**，继承发扬党的优良传统和作风，克己奉公、崇廉拒腐、尚俭戒奢，密切联系群众，全心全意为人民服务。

★ **在职业道德方面**，具有强烈的主人翁意识，模范遵守国家电网有限公司职工奖惩规定，忠诚企业、爱岗敬业、尽职尽责。

★ **在个人品行方面**，具有高尚的道德情操，自觉践行社会主义核心价值观，遵守社会公德，弘扬家庭美德，带头践行"人民电业为人民"企业宗旨。

（四）　发挥作用合格

★ **在工作态度方面**，始终保持干事创业、开拓进取的精气神，具有饱满的工作热情，脚踏实地、主动作为、甘于奉献。

★ **在工作能力方面**，个人专业技术技能水平过硬，能够高标准高质量完成各项工作任务。

★ **在工作业绩方面**，具有全局意识和服务意识，工作前瞻性、计划性强，立足岗位开展管理创新、科技攻关和成果转化，强化内部协同和服务，各项工作执行有力、精益高效、落实到位。

三 "党建 +" 工程

"党建 +"工程是公司推动党建工作与生产经营深度融合，促进党建优势不断转化为发展优势的创新举措。

（一） 党支部和党员的职责

1. 党支部的职责

◎ 主动认领任务，按照上级党委和上级专业部门党组织部署要求，结合上级党委和上级专业部门党组织部署要求，紧紧围绕本部门本单位生产经营工作，找准"党建 +"工程的切入点，针对性开展实践活动，充分激发组织活力、凝聚工作合力，打通落实落地"最后一公里"。

◎ 组织开展攻坚，在"党建 +"工程推进中勇挑重担，组织广大党员带头攻坚克难，引导职工群众积极参与，确保心往一处想、劲往一处使，凝心聚力推动各项工作落实到位。

◎ 定期总结提升，通过党员大会、党支部委员会会议等形式，总结"党建 +"工程落地成效，分析存在的问题和不足，制定针对性措施，持续拓展党建工作与生产经营融合的深度。

2. 党员的职责

◎ 主动亮身份、亮职责、亮承诺，积极投身"党建 +"工程，立足岗位履职尽责，带头完成党支部交予的工作任务，做到平常时候看得出来、关键时刻站得出来、危急关头豁得出来。

◎ 积极开展党员与群众结对帮带活动，形成党员带头、全员争先的良好局面，推动齐心协力保安全、优服务、提质量。

（二） 应用场景

党支部应从推动中心工作的需要出发，根据场景选择不同类型的党建平台和工作载体，推动更好完成既定目标。

◆ 典型场景 1：重大活动保电

　　某市供电公司运检部党支部接到辖区重大活动保电任务，工作时间紧、压力大。该党支部通过"三会一课"、主题党日等方式，开展集中学习，迅速统一思想、凝聚共识，增强保电团队凝聚力、战斗力。进入保电时段，以特级和一级保电变电站、线路、客户为重点，分层级全覆盖创建党员责任区、示范岗，制定区岗模板，统一公示内容，明确党员信息和保电区域、工作职责等，确保责任到人、落实到岗。通过共建联建的方式，全面对接保电场馆、变电站、线路等保电单元，成立党员突击队，按照"优秀党员一带多"原则，列编划分攻坚小组，做到党员帮带全部队员，汇聚最强保电力量。

◆ 典型场景 2：重大工程项目建设

　　某 220 千伏新建变电站工程作业环境复杂、施工队伍构成多样，项目建设现场临时党支部通过把业主、监理、施工、属地协调等单位的党员纳入党组织有效管理，做到党组织设置全覆盖、党员全参与、群众全联系。在施工现场设立党员责任区，确定每个党员的责任区范围和责任区任务，强化党员党的意识，压实安全质量责任。在关键设备安装、转序验收等关键节点、重要阶段，成立党员突击队，配强突击队长和优秀队员，组织重温入党誓词，强化参建党员责任感、使命感。结合工程建设实际，与合作单位、地方单位党组织开展共建联建，通过党支部委员会会议、党小组会等方式有效解决专业配合、工程协调等问题。

◆ 典型场景 3：保障安全生产

　　正值秋检高峰期，某党支部现场作业多，安全管控压力大。该党支部通过"三会一课"、主题党日等形式，组织党员集中学习习近平总书记关于安全生产的重要论述，分小组开展"饭碗意识、生存大计"讨论，强化党员群众安全意识，党支部包保作业现场，党员与职工群众安全结对，深入开展"党员身边无违章"专项行动，以党员不违章，带动促进全员无违章，守牢安全生产生命线。在重点安全风险区域，设立党员安全责任区、示范岗，接受党组织和群众的监督，引导党员带头参与安全隐患排查治理行动，深入艰苦环境、偏远地区、一线站所，抓好电网和设备隐患的排查治理。

◆ 典型场景 4：电力优质服务

　　某供电所党支部处在服务客户群众的最前沿，夏季用电高峰期工单多、压力大，该党支部主动与社区党组织开展共建联建，共同开展"政企联动、网格共建"活动，建立纵向贯通、横向协同的网格服务矩阵，入户问诊家庭用电安全，向居民群众讲解科学用电、保护电力设施等有关常识，指导用户下载使用"网上国网"App，足不出户办各项业务，架起党群"连心桥"。同时，在营销服务窗口常态化开展"三亮三比"活动，设立党员示范岗，向群众公开公示，定期对兑现情况进行评价，并纳入党员民主评议和评先树优，带动公司服务水平整体提升。

◆ **典型场景5：科研项目攻关**

某省公司科研项目攻关时间紧、任务重，项目组临时党支部通过主题党日、党员大会等，组织攻坚团队经常开展学习研讨，增强攻关信心，激扬昂扬斗志，进一步明确政策要求、攻关方向和研究内容。运用党员责任区、示范岗等"党建+"工程载体，引导党员主动认领任务，争当攻坚模范。同时，该临时党支部以党建工作为纽带，与产业链上下游企业、知名高校和科研机构开展共建联建，开展多种形式的协同联合创新，大大提高了技术攻关的进度和质量。

（三） 常见问题

问：党支部开展"党建+"工程，是否可以开展多个项目？ 》》》

答：党支部开展"党建+"工程的项目数量没有明确要求，应根据工作实际和发展需要，找准切入点，有选择有重点地开展，不宜数量过多。

问：是否每一个党支部都要开展"党建+"工程？ 》》》

答：原则上从事生产工作的一线党支部都应开展"党建+"工程，其他党支部应根据工作实际需要确定，以是否有利于推进工作为判断标准。

问：如何选择推进"党建+"工程的载体？ 》》》

答：可以根据党支部开展的"党建+"工程的具体性质和工作内容，从常见的党建工作载体中选择，比如党员责任区、党员示范岗、党员突击队等，也可以多项载体组合使用，确保发挥实效。

问：党支部重点围绕哪些方面开展"党建+"工程活动？ 》》》

答：可以围绕本部门本单位的年度重点、短板指标、重要工程等策划开展"党建+"工程活动，注重发挥党建优势，着力解决业务难题。

问：党支部如何加强对"党建+"工程的管理？ 》》》

答：党支部可以通过党支部委员会会议、党员大会定期研究部署"党建+"工作，协调解决推进过程中存在的问题，做到党建与业务工作同谋划、同部署、同落实、同检查。采用党员量化积分、评选先进典型等方式，及时对"党建+"工作表现突出的党员进行激励。

问：党支部书记在"党建+"工程中如何发挥作用？

答：落实党支部书记第一责任人职责，抓好党支部"党建+"工程实践活动的组织、协调、推进，确保工作有力有序开展。

问：怎么防止"党建+"工程泛化？

答："党建+"工程的对象针对的是具体的业务，本身就属于党建工作内容的不应纳入"党建+"工程的范畴，比如"党建+文化""党建+人才"等。

问：对党支部"党建+"工程的考评如何进行？

答：由各级党委统筹组织实施，结合党建量化计划管理、日常掌握情况，客观评价基层党支部落实"党建+"工程重点任务成效，纳入年度考核评议的重要内容，作为评先评优的重要依据。

问：对党员"党建+"工程考评如何进行？

答：党支部要加强对党员在推进"党建+"工程中发挥先锋模范作用、带动身边群众情况的评价，结果纳入民主评议党员重要内容，作为党员评先评优重要依据，激励广大党员争做先锋、争当表率。

（四）参考模板

"党建 +"工程参考平台载体

23

"党建 +"工程参考平台载体

序号	载体类型	应用说明
1	政治思想引导	为持续提高党员政治站位以及对国企政治属性的理解,可选取支部书记讲党课、集中学习等方式,认真学习习近平总书记重要讲话和关于能源电力行业的重要论述和指示批示精神
2	队伍素质提升	为持续提高党员队伍政治素质、理论素养、业务能力和管理水平,可选取参加培训班、微讲堂、"工地夜校""双培养一输送"、岗位实践等方式,不断提升党员能力水平
3	形势政策宣讲	为及时掌握深刻领会能源行业发展趋势、公司系统重要会议精神,可选取组织学习研讨、专家讲座、座谈交流等方式,引导党员职工及时深入学
4	党员意识强化	为持续提升党员身份意识,可选取主题党日、红色实景党课、过政治生日、重温入党誓词、给新党员赠送党章等政治仪式,加深对党章党规、初心使命的认识
5	党员示范引领	为有效发挥党员先锋模范作用,促进生产经营工作提质登高,在生产现场、建设工地、服务窗口、营业场所等,可采用佩戴党员徽章、创建党员责任区、党员示范岗,开展党员"三亮三比"活动等,提升工作业绩
6	重大任务攻坚	为有效发挥党组织和党员在急难险重任务中的作用,可选取组建临时党组织、党员服务队、党员突击队等方式,引领带动党员群众勇挑重担、攻坚克难

序号	载体类型	应用说明
7	开展共建联建	为加强与外部单位的协同联动,共同开展工作,协调解决问题,可采取与政府部门、重要客户党组织开展共建联建等方式,架起沟通协作的桥梁
8	调研服务基层	为深入了解基层实际以及本专业重点工作推进落实情况,可选取党建工作联系点、联合主题党日、党建联络点等形式,了解基层需求、协助破解难题,推动专业工作提质增效
9	凝聚团队合力	为持续提升员工队伍的凝聚力和向心力,在重要节日、重要节点、特殊时期,可选取看望慰问、"四必谈、五必访"活动、EAP心理援助、入户家访、表扬激励、引导帮助、个别访谈、谈心谈话等方式,关心关爱职工思想、生活
10	青年员工成长	为加快青年成长、激发青年员工活力,可通过开展青年创效行动、"师带徒"活动,参加青马工程、青年精神素养提升工程专项行动,推荐参评青年五四奖章、青年岗位能手等荣誉,带动青年员工立足岗位、青春建功
11	先进典型选树	为持续增强员工创先争优意识,营造"比学赶超"氛围,通过发现、挖掘、宣传身边典型的感人事迹,积极推荐参选参评党代表、优秀共产党员、先进工作者、劳模工匠等,开展多层次、多渠道的宣传报道
12	党员评价激励	为客观有效评价党员作用发挥情况,可选取民主评议党员、党员量化积分等方式,评价党员表现,采取激励措施,督促党员履职尽责、发挥作用

四 共产党员服务队

国家电网共产党员服务队是以共产党员为骨干，依托基层一线班组站所组建，直接服务人民群众的先锋团队，是践行党的根本宗旨、履行央企"三大责任"、创新基层党建工作的重要载体。

（一）建设管理

共产党员服务队一般应在 30 人以下，党员的比例必须达到 50% 以上，可吸收入党积极分子、优秀团员青年加入。新进队员应经过严格的选拔和培训，队长由党性强、业务精、作风好的共产党员担任。

1. 一个党支部组建一支服务队

具备条件的党支部，可单独成立共产党员服务队，服务队队长可由支部书记、支部副书记或党员先进典型担任。

★ **做好统筹管理。**党支部要发挥组织管理作用，及时组织传达学习上级关于服务队建设的工作要求，部署落实重点工作任务。根据本单位相关制度规定建立健全党支部的议事规则，通过党支部委员会会议、党支部党员大会等形式，定期对服务队建设的重大事项、重点工作进行讨论决策、部署和落实。

★ **加强党建工作。**以党支部标准化建设、电网先锋党支部创建等为抓手，落实七项组织生活制度，严肃党的组织生活，强化党员日常管理。以政治素质和专业能力为重点，加大服务队成员教育培训力度，定期开展学习交流，提升队员政治意识、服务意识和履职能力。

2. 多个党支部组建一支服务队

可结合实际，按照地域相邻、专业相近、规模适当、便于管理的原则，由多个党支部联合组建共产党员服务队。

★ **优化队伍设置。**队长可由上级党组织指定任命，或经相关党支部协商确定，由其中一名党支部书记担任。根据需要可设立副队长，由相应党支部书记、副书记或党员骨干、先进典型担任。联合服务队按照单一服务队模式管理，服务队队长是服务队的主要负责人，具体负责联合服务队建设和管理。

★ **加强队伍管理**。要立足工作特色，创新服务方式，定期组织开展活动。上级党组织作为归口管理单位，要负责做好联合服务队的考核管理工作，必要时做好统筹协调，确保各项工作顺利开展。相关党支部要支持和配合联合服务队做好相关工作，开展各项服务活动。由服务队队长牵头，定期召开联合协商会议，对服务队建设的重大事项、重点工作进行讨论决策、部署核实。

3. 派员参加服务队

无法单独或联合成立服务队的党支部，可选派人员参加其他服务队。

★ **做好统一管理**。参加人员要服从所在服务队统一管理，积极参加所在服务队组织开展的各项活动。人员派出党支部要支持外派人员参加各项服务队活动。服务队要统一做好队员的管理工作，统一标准、统一要求、统一行动、统一考核，定期将选派人员的工作情况、考核情况反馈给派出党支部。

★ **加强专业培训**。做好队员能力素质培训教育工作，结合实际制定年度教育培训计划，定期或不定期组织队员开展集中政治学习教育和业务技能培训，提升队员履责能力和服务水平。引导队员自觉遵守党纪党规和法律法规，遵守公司制定的各项制度规定、作业规程、行为公约，深入开展"三亮三比"活动。

（二） 服务内容

★ **政治服务**。学习宣传贯彻习近平新时代中国特色社会主义思想，在服务党和国家工作大局中贡献力量。做好各类重大供电保障。在推进重大工程建设和科技攻关中发挥先锋模范作用。

★ **抢修服务**。及时处置风险隐患，提供24小时不间断故障抢修服务。在遭遇重大自然灾害、突发性重大事件引发停电故障等危急时刻，迅速响应、冲锋在前，全力做好抢修、抢险等工作。

★ **营销服务**。立足营销窗口，提供用电业务办理、信息咨询、停电信息告知等优质服务，做好用电宣传，倡导绿色低碳用能方式。主动提供"一站式"服务和用能整体解决方案。满足客户多元化用能需求，推进再电气化进程。促进营商环境不断优化。

★ **志愿服务**。深入企业、乡村、社区、学校、医院、敬老院等，推行便民利民举措，提供用电隐患排查、优化用电指导等服务。积极参与走访慰问、爱心奉献、扶弱助困等公益性服务。带动广大团员和群众加入志愿服务队伍行列，主动办好事、办实事。

★ **增值服务**。围绕支撑电网、开拓市场、服务客户、奉献社会等，结合自身业务性质和工作特点，提供其他优质高效的服务，满足客户多样化、差异化需求。延伸服务和业务价值链，为客户、业主、群众等创造价值。持续改进客户体验。

（三）活动开展

1. 活动启动

服务队应立足自身实际，常态开展活动。活动的启动一般有以下情形：

◎ 根据上级党组织关于开展服务队服务活动的统一安排，针对指定内容开展服务活动。

◎ 根据本单位党组织关于开展服务队服务活动的部署安排，因地制宜开展服务活动。

◎ 根据服务队年度、月度活动计划，组织开展常规性的服务活动；响应群众或客户需求，及时开展服务活动；根据突发状况需要，党员服务队开展抢险救灾、抗冰保网等活动。

2. 活动组织

★ **活动部署。**

◎ 各单位党组织根据上级党组织关于开展服务队服务活动的统一安排，结合本单位工作实际，参照制定活动实施方案，召开活动部署工作会议，部署和指导下级服务队扎实开展各项服务活动。

◎ 各单位党组织根据年度活动安排以及其他工作需要，制定活动实施方案，召开活动启动会议，部署和指导下级服务队扎实开展各项服务活动。

★ **活动准备。**

◎ 服务队队长根据活动触发的缘由，明确活动内容、活动时间、参加人员和工作要求等，指定活动负责人，准备相关工器具和队服、队旗等，做好活动准备。

◎ 活动负责人组织活动参加人员提前了解活动内容、注意事项等，统一着装，做好安全生产等保护措施。

★ **活动实施。** 按照活动工作安排，组织实施服务活动，做好活动现场过程管控，提升服务队活动质量，做好现场图片、视频等资料采集和相关信息记录。

★ **征集意见。** 面向群众或客户开展的活动，结束后一般要做好服务对象的意见征集工作。

★ **活动总结。** 做好活动总结工作，提炼好经验、好做法，分析存在问题和不足，做好下一步改进提升。

3. 活动收尾

◎ 活动负责人填写活动记录，简要回顾活动开展情况、分析存在的不足、总结活动成效，活动负责人非服务队队长本人的，应及时简要向服务队队长报告情况。

◎ 根据活动情况，做好相关宣传和归档工作。

4. 经费保障

各级党组织应保障服务队活动经费，在党组织工作经费中，按照使用办法和财务管理相关规定和要求进行规范列支。

5. 活动流程图

党员服务队活动开展流程图详见图2。

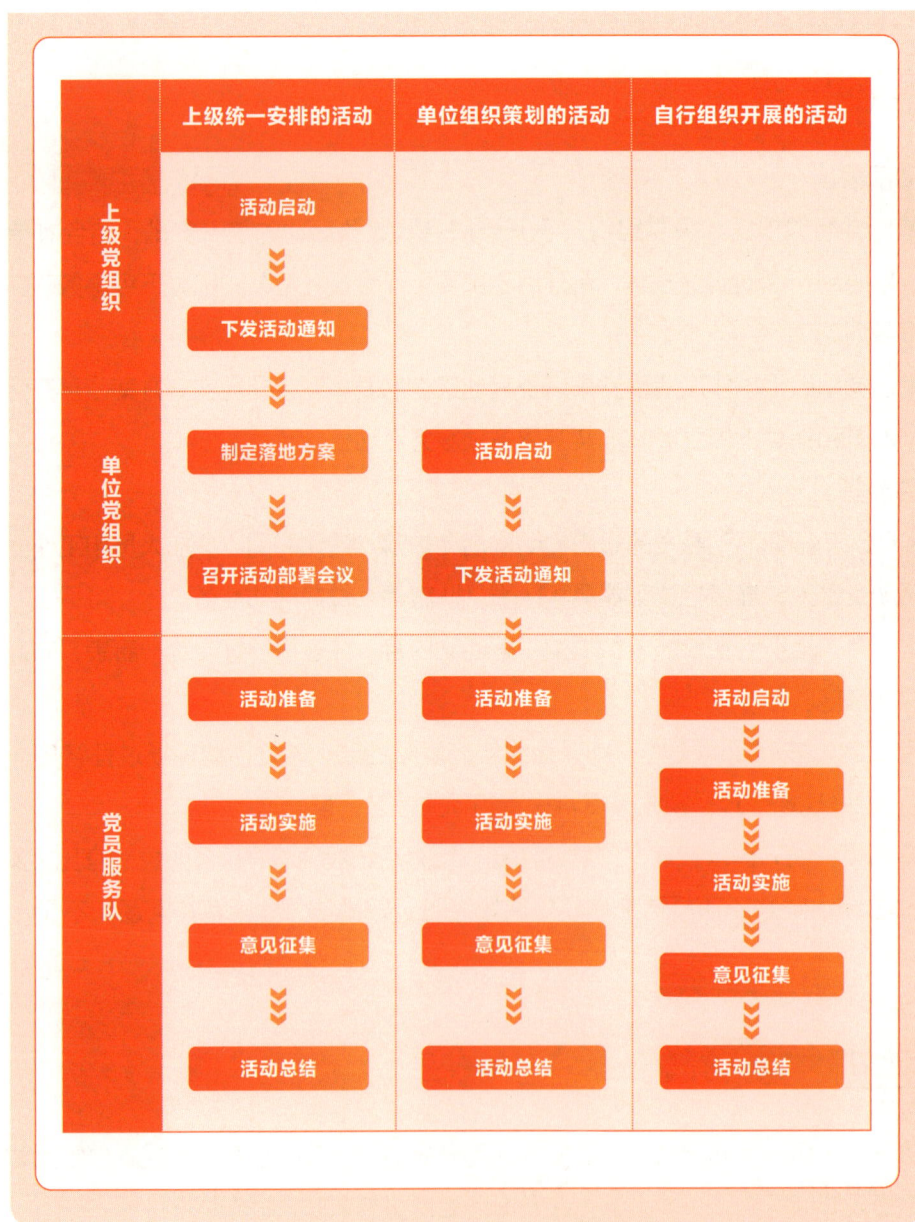

上级统一安排的活动	单位组织策划的活动	自行组织开展的活动
上级党组织 活动启动 → 下发活动通知		
单位党组织 制定落地方案 → 召开活动部署会议	活动启动 → 下发活动通知	
党员服务队 活动准备 → 活动实施 → 意见征集 → 活动总结	活动准备 → 活动实施 → 意见征集 → 活动总结	活动启动 → 活动准备 → 活动实施 → 意见征集 → 活动总结

图2　党员服务队活动开展流程图

（四） 典型案例

案例1：精准服务　电暖人心

某共产党员服务队依托营销计量低压高速电力载波新技术，通过大数据分析，精准研判客户家中存在的困难和需求。面向高龄独居、空巢、孤寡老人，残障人士，军烈属及其他需要爱心帮扶人员等四类客户提供"安心电""无忧电""舒适电"的精准服务，着力解决客户家中停电、电表余额不足、用电异常等问题，由服务队专人联系告知情况，并根据客户需求提供有针对性的服务。

案例2：节能互助　照亮邻里

某共产党员服务队针对老旧小区楼道内普遍没有安装楼道照明灯，高龄老人上下楼非常不便等问题，利用自身电力专长，依托某微基金出资购买声光控LED灯泡、灯座以及护套线等配套设备，免费为多个社区安装楼道灯，同时协助老旧小区用户开展用电管理，构建客户侧用电安全隐患的"服务、通知、报告、督导"的"四位一体"服务模式。

案例3：进山带商品　出山带山货

某共产党员服务队在"老少边贫"的湖南常德壶瓶山，推出"阳光电力服务箱"，进山带商品，为山高路远的老百姓义务捎带油盐酱醋、农药化肥等生产生活用品，摩托车不能到达的地方，他们就肩挑背负，10多年来累计捎带货物超过160吨。出山带山货，帮助老百姓代销腊肉、红薯、土豆、茶叶等农副产品超过25万元，将个体户农产品纳入消费扶贫重点项目，助农增收。开展"彩虹服务"，为"麻风村"14位麻风病人定期赠送生活必需品、开展节日慰问，将"麻风村"与外界沟通的唯一通道——长116米、高188米的铁索桥变成温暖人心的"彩虹桥"。在人烟稀少的山区搭建了2处"电骡子"服务驿站，24小时提供物资寄放等七大便民服务。

案例4：点亮一盏灯　帮扶一众人　温暖一座城

某共产党员服务队长期为残疾人、低保户开展室内照明线路免费改造维护和安全用电教育，足迹遍布浙江、西藏、吉林、贵州等地。创新"融合化实施、法人化组织、项目化运行、社会化协作、平台化支撑、品牌化宣传"的"六化"管理模式，有效建立社会组织运行体系，有序精准对接服务需求。注册成立志愿服务组织，取得了社会组织应有的法人资格，拥有独立人事权，具有合法募集资金的资格，可以独立开具财务账户并公开向社会组织、爱心人士募集资金，为残疾人贫困户室内照明线路改造项目实施提供财力支持。

案例5：党建共建　社企融合

某共产党员服务队按照"党建融合、深入合作、共同促进、共谋发展"的思路，通过与社区"党建共建，社企融合"，深入实施为民服务进社区工程，建立以"线上线下"的"双线互动"为共建机制、"五心行动"为共建内容的社企共建新模式。通过该模式的运行，党员服务队与社区签订共建协议、设立电力工位，开展社会电工技能培训、各类志愿服务活动等，促进办电效率和服务水平不断提升，逐步建立起街道党工委与基层党委结对、社区党支部与党员服务队党支部结对、党员与网格员结对的三级党建共建模式，实现政府满意、社区满意、百姓满意。

（五）参考模板

- 国家电网共产党员服务队标识规范
- 国家电网 ××× 共产党员服务队 ×××× 年活动计划
- 国家电网 ××× 共产党员服务队活动记录
- 国家电网 ××× 共产党员服务队年度总结
- 国家电网共产党员服务队公约
- 国家电网优秀共产党员服务队评选标准

24

国家电网共产党员服务队标识规范

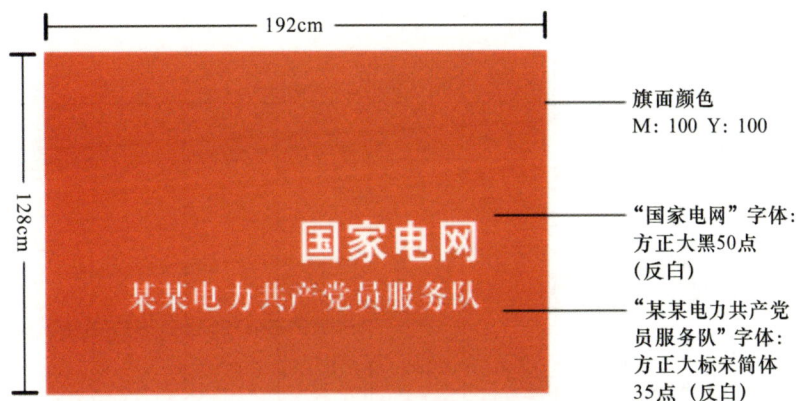

192cm

128cm

旗面颜色
M：100 Y：100

"国家电网"字体：
方正大黑50点
（反白）

"某某电力共产党
员服务队"字体：
方正大标宋简体
35点（反白）

国家电网

某某电力共产党员服务队

国家电网
STATE GRID

国家电网某某电力共产党员服务队
竭诚为您服务

95598 你用电·我用心

国家电网某某电力共产党员服务队誓词

国家电网×××共产党员服务队××××年活动计划

序号	活动时间	活动地点	活动主题	开展形式	参加人员	活动内容

25

26

国家电网 ××× 共产党员服务队活动记录

服务时间	开始时间： 年 月 日 时 分 结束时间： 年 月 日 时 分	服务地点	
负责人			
参加人员			
服务内容			
服务项目	□政治服务 □抢修服务 □营销服务 □志愿服务 □增值服务		

活动记录：

完成效果：

27

国家电网 ××× 共产党员服务队年度总结

（××××年）

一、基础管理和建设情况

二、活动开展情况

年内服务队活动开展情况、活动成效等。

三、存在的问题和不足

四、下年度工作计划

28

国家电网共产党员服务队公约

第一条　不忘初心，牢记使命，践行人民电业为人民宗旨

第二条　忠诚履责，勇于担当，争当建设新时代电力铁军

第三条　民生为重，服务为本，做好经济社会发展先行官

第四条　有呼必应，有难必帮，架起党联系群众的连心桥

第五条　岗位建功，敬业奉献，树立为民服务的示范标杆

第六条　善小常为，用心关爱，传递国家电网的光明温暖

第七条　锤炼党性，严守纪律，打造坚强有力的战斗堡垒

第八条　砥砺品行，改进作风，引领向上向善的道德风尚

第九条　专业专注，持续改善，传承精益求精的工匠精神

第十条　自强不息，追求卓越，彰显责任央企的品牌形象

29

国家电网优秀共产党员服务队评选标准

认真落实国家电网公司党组《关于进一步深化国家电网共产党员服务队建设的意见》《国家电网公司共产党员服务队管理办法》，落实"四个统一"、深化"五个服务"，在基础管理、工作成效、社会影响等方面表现突出。

一、基础管理好

（1）依托固定建制的班组、车间、工区、部门等组建，一般应在 30 人以下，共产党员比例占 50%以上。以"国家电网"统一命名，有统一服务承诺、誓词、名片。

（2）严格遵守公司员工守则，建立健全服务队相关管理制度和工作标准，明确工作流程和行为规范。工作有计划、有记录、有考核，客户有反馈。

（3）合理设置党支部或党小组，定期开展组织生活，在党员中开展"三亮三比"活动。以提升政治素质和专业能力为重点，定期开展教育培训和学习交流。

二、工作成效好

（1）围绕政治服务、抢修服务、营销服务、志愿服务、增值服务五个方面，丰富服务内容，形成适合岗位特点的工作方法和服务技能。

（2）创新服务形式，聚焦中心工作，策划开展主题活动和专项行动，提升服务品质，充分满足客户和群众多元化需求。

（3）建立健全长效机制，形成有创新、有特色、有推广价值的特色实践和典型案例。

（4）服务质量指标和关键绩效指标优异，充分体现先进性和示范性。

三、社会影响好

（1）践行"人民电业为人民"的企业宗旨，政治坚定，业务精通，作风优良，出色完成本职工作，积极承担急难险重任务，影响和带动作用显著。

（2）得到各级党委政府肯定，受到客户高度评价，在当地群众中形成良好口碑。

（3）积极宣传推广重要成效和工作亮点，展示队伍良好形象，形成有影响力的品牌。

五 党员突击队

党员突击队一般为推进重点工程或重大任务而成立，是在急难险重任务中发挥党组织的战斗堡垒和党员的先锋模范作用的重要载体。

（一） 建队与撤销

1. 党支部成立突击队

对于党支部工作范围内的重点工程或重大任务，党支部集体研究，明确工作目标、工作任务、工作时限，确定党员突击队名称、队长和组成队员等事项后，向党支部所在基层党委登记备案。

对于跨多个党支部的重点工程或重大任务，由负责工作牵头的党支部与相关党支部协商，明确工作目标、工作任务、工作时限，确定党员突击队名称、队长和组成队员等事项后，向党支部所在基层党委登记备案。

2. 基层党委成立突击队

对于突发紧急任务需要成立党员突击队的，根据任务性质和内容，基层党委直接确定党员突击队名称、队长和组成队员，完成信息登记备案。

3. 突击队撤销

重点工程或重大任务完成后，党员突击队自然撤销。

（二） 工作内容

◎ 党员突击队围绕明确的工作目标和工作任务，有计划、有组织地开展工作，凝聚带领职工群众奋勇争先，保障促进急难险重任务的圆满完成。

◎ 在所承担的突击任务中，亮出党员突击队的旗帜，激发队伍荣誉感、自豪感，提升战斗力。

◎ 在不违反安全生产相关制度要求的工作场景中，突击队成员中的党员要佩戴党员徽章，亮出党员身份，强化示范引领。

（三） 管理要求

◎ 成立党员突击队一般应举行必要的仪式（如授旗、宣誓等），制定并公开攻坚目标、工作方案和保障措施等。

◎ 党员突击队队员应以作风硬、技术精、技能强、经验足的党员骨干为主体，根据需要纳入入党积极分子、团青骨干等。要注重专业特长和工作经验，最大限度发挥整体合力。

◎ 党员突击队设队长 1 名，副队长 1~2 名或不设，由决定组建党员突击队的党组织直接任命。一般由党性强、责任心强、生产组织能力强、技术业务过硬、威信较高、甘于奉献的工作负责人或党员先锋模范人物担任。

◎ 加强党员突击队的规范化管理，建立档案，做好建队、攻坚活动等资料的收集和保管工作。撤销后，党员突击队相关档案和资料要进行整理，由决定组建党员突击队的党组织保管。

（四） 典型案例

案例 1：面对特大暴雨突然袭击，某不停电作业中心党总支在急难险重任务中成立党员突击队，在关键时刻，闻令而动、冲锋在前。队员们手拉手蹚过齐腰深的急流，连夜为医院 ICU 病房送上"救命电"。在随后的抢险复电工作中，采取"人轮休工作不停"的方式 24 小时不间断作业，有力保障了电网安全和居民、重要用户的可靠供电，用实际行动兑现了"保电有我、有我必胜"的庄严承诺。

案例 2：某党员突击队冲锋在前、引领示范，在新冠疫情阻击战中全面复工某特高压输变电工程等一大批重大项目建设。当好疫情防控的"排头兵"，严格清查第一批计划返场人员的近两周往来史、接触史，完成人员建档管理工作；做好施工在前的"战斗员"，对人员、驻地、现场、交通、应急等各方面强化管理工作，保障工程安全有序建设，确保实现"八个不发生"的安全目标；成为群众信赖的"主心骨"，组织复工动员大会、开展一对一走访慰问、保障生活物资储备、配备疫情防控用品，做好工程现场消杀，以实际行动确保工程顺利有序复工。

（五） 常见问题

问：成立党员突击队有无人数规定？ >>>

答：党员突击队是为了工作需要建立的临时组织，无明确的人数要求。

问：党员突击队的党员比例是多少？ >>>

答：党员突击队无明确的党员比例要求，一般应以党员骨干为主体。

问：一个人可以同时兼任几支党员突击队的队员吗？ >>>

答：如果一名员工同时承担几个重点工程或重大任务中的相应任务，根据工作需要，可以同时兼任几支党员突击队队员。但党员突击队队长不宜兼任。

问：党员突击队旗帜上能印制党徽吗？ >>>

答：根据《中国共产党党徽党旗条例》相关规定，党员突击队旗帜上不能印制党徽。

问：党员突击队自然撤销时应注意哪些工作？ >>>

答：重点工程或重大任务完成后，党员突击队自然撤销，突击队队长应组织相关人员整理突击队档案和资料，进行简要工作总结，并及时向决定组建党员突击队的党组织报告。

（六）　参考模板

📄 关于成立 ××× 党员突击队的情况报告

📄 党员突击队登记表

30

关于成立 ××× 党员突击队的情况报告

中共国网 ×××× 委员会：

　　根据 ××× 工作实际情况，为高质量完成 ××× 工作任务，经研究，决定成立 ××× 党员突击队。

　　突击队成员由 ××× 部门 / 专业 / 班组骨干人员组成，队长由 ××（职务信息）×× 同志担任。

　　突击队主要目标任务 ××××××

　　×××× 重点工程 / 任务完成后，××× 党员突击队自行撤销。

　　特此报告！

中共国网 ×××× 支部委员会

×××× 年 ×× 月 ×× 日

党员突击队登记表

突击队名称			所在党组织		
任务目标					
成立时间		队员总数		党员人数	党员比例

突击队队员信息

序号	姓名	性别	年龄	入党时间	岗位职务	队内职务	联系方式

六 党员责任区

党员责任区是党组织为了充分发挥党员的先锋模范作用，根据党员不同的工作岗位、活动范围，以一名或多名党员为创建主体，以固定工作区域为活动范围，以党员责任制为落地载体创建的党员目标管理责任区。

（一） 创建场景

可在关键工序所在区域、重点运行维护区域和变电站、供电台区等较为固定的工作现场中，划分创建党员责任区，由一名或多名党员在共同的工作区域内负责创建。

（二） 创建与撤销

1. 党员责任区创建

基层党委根据工作需要，可以直接决定创建党员责任区，明确责任范围、责任人，并组织编制责任书，督促履责尽责。

党支部根据本单位、本部门实际工作情况，经集体研究确需创建党员责任区的，可编制责任书，明确责任党员、责任范围、工作目标等，报党支部所在基层党委同意后创建。

2. 党员责任区撤销

党员责任区发生如下具有严重负面影响的行为之一的，经基层党委研究通过，及时摘牌撤销。

- ◎ 出现违规、违章、违法、违纪行为。
- ◎ 发生安全生产事故或供电服务质量事件、供电服务过错。
- ◎ 不能按计划完成重点工作任务。
- ◎ 在上级单位各类检查中被通报批评或在本单位被通报批评。
- ◎ 出现其他需被撤销党员责任区的情形。

（三）　工作内容

◎ 党员责任区应制定责任书，明确责任区建设目标、计划和措施。

◎ 悬挂党员责任区铭牌，公示责任党员、责任范围、工作目标等信息。

◎ 责任区负责人应履行好安全生产、优质服务、党风廉政、基层党建、帮带群众等责任，督促责任党员发挥先锋模范作用，以"向我看、跟我干、让我来"的工作作风，引导广大党员高质量完成岗位工作。

◎ 在不违反安全生产相关制度要求的工作场景中，责任党员要佩戴党员徽章，亮出党员身份，强化示范引领。

（四）　典型案例

案例1：某党支部在线损常年偏高、投诉居高不下的台区设立党员责任区，选派业务熟练、善于斗争的党员作为责任区责任人。党支部委员会每月专题听取责任人工作报告，了解工作情况，集中力量协助其解决难点问题。每季对照责任书检查责任区工作完成情况，加强工作督导。通过创建责任区攻坚，该台区线损明显下降、服务口碑持续提升，该党员责任区被推荐为上级优秀党员责任区。

案例2：某党支部在1000千伏南阳—荆门—长沙特高压交流工程线路工程施工现场，按照施工区域和专业分工，划分6个责任区，明确"安全、质量、进度、环保、防疫"五个方面的工作职责，实行全部施工区域网格化管理。责任区党员聚焦工程进度、施工难题，克服疫情、防汛等影响，带领员工顺利跨越500千伏及以下电力线路148条次，在累计损失工期69天的情况下，安全、优质、高效完成全部施工任务，党员在重点工作任务中的先锋模范作用得到有效发挥。

案例3：某供电公司在山火防治工作中，党员"十带头"主动扛起三面旗帜，成为防治山火队伍的主力军，党员在现场佩戴胸标和臂章亮明身份，签订《党员山火防治目标责任书》，带头承包山火高风险区域线路通道隐患排查治理及巡检、蹲守工作，定点包片亮出党员职责，带头扎实落实山火防治工作要求，认真排查线路安全隐患，清理通道内易燃物，做好群众防火护线宣传，用行动和业绩说话，切实履行党员承诺，保障了山火防护网的精密布控。

案例4：某党支部通过"纵向＋横向"划分，将乡村振兴示范村农网和村社服务工作，细分为岗上和岗下责任，划定党员网格化责任区，在责任区现场设立党员责任标识牌，责任人及时跟踪改造进度，监督现场安全施工，有效解决了农网改造沟通协调难题。

（五） 常见问题

问：预备党员可以编入党员责任区吗？

答：可以，但应加强对预备党员的教育和引导。

问：如党员责任区负责人工作变动，是否需要更换？

答：需要，党员责任区负责人工作变动后，应及时更换负责人，更新相关公示信息。

问：是否需要对责任区党员具体责任进行划分？

答：根据党员责任区具体工作内容确定。工作内容相对单一、工作范围较小、工作场所比较集中的，可不再具体划分责任至党员个人；工作内容跨度大、复杂度高、工作面广的，一般应进一步细化责任，确保责任区建设目标的实现。

问：责任区党员具体责任的制定方式有哪些？

答：可以采取个人申请和组织讨论相结合的方式，确定党员具体责任，并可结合实际情况制定党员责任书、党员承诺书等，进行书面签订。

（六） 参考模板

- 党员责任区申报登记表
- 党员责任区责任书
- 关于创建 ××× 党员责任区的情况报告
- 党员责任区铭牌参考
- 党员责任区统计表

32

党员责任区申报登记表

责任区范围						
负责人 基本情况	姓　名		性　别		出生年月	
	党内职务				入党时间	
	行政职务					
责任区成员						
责任区 工作职责						
责任区 工作目标						

33

党员责任区责任书

一、基本情况

责任区负责人及成员：××××××

责任区范围：××××××

二、工作目标

（一）重点工作

......

（二）业绩指标

......

（三）其他目标

......

三、党员责任区创建举措及进度安排

......

党员责任区负责人：

党员责任区成员：

签订时间：   年   月   日

34

关于创建 ×××党员责任区的情况报告

中共国网 ×××委员会：

为进一步发挥党员先锋模范作用，落实工作责任，提升工作质效，激励党员在 ×××、×××等工作中勇当先锋、争做表率，全面激发党员干事创业热情和争先创优意识，经党支部委员会会议（党员大会）讨论研究，决定创建 ×××党员责任区。

一、拟由 ×××同志担任责任区负责人，负责统筹管理责任区各项工作。组织成员 ××名，其中党员 ××名。

二、责任区的责任范围为 ×××××××。

三、责任区的工作目标和重点举措为 ×××××××。

责任区创建后，将按计划围绕工作目标推动工作落实，定期汇报工作开展情况，并按上级反馈要求抓好执行。

特此报告。

中共国网 ××××支部委员会

××××年 ××月 ××日

35

党员责任区铭牌参考

材质：铜牌

党员责任区统计表

序号	责任区名称	负责人	成员	责任范围	工作职责 (简要介绍)	工作目标 (简要介绍)	备注

三 36

七 党员示范岗

党员示范岗是立足本职岗位，突出党员先进性和示范性，引领带动广大党员认真履行责任和义务、发挥先锋模范作用的有效载体。

（一）创建对象

可在安全生产、优质服务、改革发展、科技创新等重点工作部门、班组，选择一批政治素质优、业务能力精、服务水平高、奉献精神强的党员所在岗位创建为党员示范岗。

每个党员示范岗对应一名正式党员。

（二）创建与撤销

1. 党员申报

在党支部统一组织下，党员填写《党员示范岗申报登记表》，申报创建党员示范岗。

2. 党支部审核

根据申报情况，党支部审核申报人员思想表现、工作业绩、作风纪律和群众反响等情况，召开党支部委员会会议（或党员大会），审议党员示范岗申报情况，按照相关要求审核形成结果，报党支部所在基层党委登记备案。

3. 党员示范岗撤销

党员示范岗发生具有以下严重负面影响行为之一的，经党支部集体研究，撤销党员示范岗，及时收回党员示范岗标识牌，报党支部所在基层党委备案。

◎ 出现违规、违章、违法、违纪行为。

◎ 发生安全生产事故或供电服务质量事件、供电服务过错。

◎ 无特殊情况不能按计划完成重点工作任务。

◎ 在上级单位各类检查中被通报批评或在本单位被通报批评。

◎ 出现其他需被撤销党员示范岗的情形。

（三） 工作内容

◎ 制作党员示范岗身份牌，悬挂或摆放在示范岗显著位置。

◎ 党员示范岗主动亮身份、亮职责、亮承诺，立足岗位，在政治素质、道德品行、工作业绩、岗位技能、为民服务、作风形象等方面发挥示范作用。

（四） 典型案例

案例1： 在220千伏某变电站改造工程中，某单位党员示范岗王某带头攻坚，在现场亮出党员示范岗身份，主动接受监督，带头攻克了检修作业中的一个又一个难题，还充分借助现场组织青年员工培训，全面强化现场安全管控，担当反违章先锋，流动巡查各作业点，坚决杜绝违章作业，确保了工程如期完工，实现了设备"零缺陷"投运的目标。

案例2： 某公司在数据中心项目建设中设置党员示范岗，将项目建设的重点和难点，作为示范岗攻坚的目标和承诺，以"三化"（目标可量化、责任清单化、管控闭环化）为抓手，通过党员亮身份、领任务，带动员工合力推进完成电源切换测试、空调改造等多项攻坚任务，确保数据中心按时成功投运。

（五） 常见问题

问：党支部创建党员示范岗的数量有什么具体要求？ »»»

答：党支部创建党员示范岗的数量没有明确要求，但需要突出党员先进性和示范性，数量不宜过多。

问：能否将预备党员所在岗位创建为党员示范岗？ »»»

答：预备党员仍处于接受党组织的教育和考察阶段，不宜将预备党员所在岗位创建为党员示范岗。

问：为什么要制作党员示范岗身份牌，并悬挂或摆放在示范岗显著位置？ »»»

答：制作党员示范岗身份牌，并悬挂或摆放在示范岗显著位置，一方面可以督促党员示范岗对应党员持续保持先进性，更好地立足岗位作贡献；另一方面，通过党员示范岗身份牌亮身份、亮职责、亮承诺，可以更好地发挥示范作用。

（六）　参考模板

- 党员示范岗申报登记表
- 党员示范岗标识牌参考
- ×××党支部关于创建党员示范岗的情况报告
- ×××党支部党员示范岗统计表

37

党员示范岗申报登记表

申报人基本情况	姓　名		性　别		出生年月	
	入党时间			党内职务		
岗位名称						
岗位职责						
示范目标和承诺						
党支部意见						

38

党员示范岗标识牌参考

标识牌正面：

标识牌背面：

39

×××党支部关于创建党员示范岗的情况报告

中共国网×××委员会：

为进一步强化党建引领，落实党员责任，发挥党员示范引领作用，带动支部各项工作高质量完成，×××党支部按照公司党委关于组织党员申报党员示范岗的有关要求，认真组织开展党员示范岗创建工作。

党支部共有××名党员申请创建党员示范岗。党支部审核了申报人员思想表现、工作业绩、作风纪律和群众反响等情况，××月××日召开党支部委员会会议（党员大会），对党员示范岗申报情况进行了研究，形成审核结果，决定将×××、×××、×××、×××等××名党员创建为党员示范岗。

特此报告。

中共国网××××支部委员会

××××年××月××日

××××党支部党员示范岗统计表

序号	示范岗党员姓名	性别	入党时间	岗位名称	岗位工作职责（简要介绍）	示范目标和承诺（简要介绍）	备注

八 党员"三亮三比"

党员"三亮三比"即指亮身份、亮职责、亮承诺，比作风、比技能、比业绩，是把思想政治建设抓在日常、严在经常的行动实践，是推动党员立足岗位作贡献的重要载体。

（一）"三亮"的主要内容和形式

★ **亮身份。**党员在参加组织生活和安全生产、优质服务等各项工作中，通过设立党员责任区、党员示范岗和佩戴党员徽章、工作牌、服务卡等，亮明党员身份，自觉接受监督。

★ **亮职责。**党支部在基层班组、办公场所、服务窗口或党员活动室等公布党员姓名、职务、岗位职责、联系方式等，方便群众办事和监督。

★ **亮承诺。**党支部组织党员对照党章要求、对照"四讲四有"、对照岗位实际，提出承诺。一般可与"亮职责"结合公示，广泛接受监督。

（二）"三比"的主要内容和形式

★ **比作风。**组织党员在思想作风、学风、工作作风、生活作风上比一比，找差距、补短板，全面提升党员队伍思想政治素质。

★ **比技能。**组织党员开展岗位练兵、技能比武、劳动竞赛、服务竞赛等，示范带动全体员工提高业务素质和技能水平。

★ **比业绩。**通过对标定位、综合排名、晋位升级，定期晒任务、晒进度、晒成绩，推进工作落实、提质增效。

（三）典型案例

案例1：营销专业党支部以"三亮三比"推动服务提质

某供电公司营销部党支部在所辖服务窗口开展"三亮三比"，一是组织相关岗位党员结合岗位职责制定党员工作标准，提出党员服务承诺，经党员大会集体讨论，形成统一的标准和公开承诺，并报上级党组织备案。二是开展党员责任区、示范岗创建，通过统一悬挂公示牌、佩戴党员徽章、组织签订承诺书、设立党员服务窗口、发放党员服务卡等形式，公开党员姓名、职务、承诺、监督电话等信息，督促党员牢记党员身份、强化宗旨意识、自觉接受监督。三是将"三亮三比"作为民主评议、先进评选的重要依据，实行月通报、季点评，引导党员争星夺旗、立足岗位、争作贡献。

案例2：安监专业党支部深化"三亮三比"强化作风建设

某供电公司安监部党支部以"强安全生产意识，倡安全文明之风"为主题，开展党员"三亮三比"活动。一是组织支部党员集体学习安全生产知识，提高技能本领。二是开展"党员身边无违章"系列活动，组织党员深入一线讲解安全知识，在安全帽上粘贴"我是党员无违章"标语，在现场提醒身边同志注意安全，做好安全防护。三是全体党员下沉一线工作现场，开展安全督导，严查安全隐患，尤其针对党员违反安全规定的，一律从严从重处理。四是按月通报党支部党员安全履职情况，比作风、比业绩，激励党员以身作则，为公司各项生产任务开展提供安全保障。

案例3：供电所党支部开展技能比武全面提升技能水平

某供电所党支部在"三亮三比"活动中，组织党员开展线路抢修技能比武活动。一是开展"学讲考"，对线路运维知识进行考试，全面掌握党员的专业理论水平。二是开展爬杆、低压设备抢修、线路测温等基本项目技能竞赛，提醒支部党员不忘"看家本领"，锻炼业务"基本功"。三是模拟客户维修场景，现场测试党员是否懂得礼貌用语、文明用语。对本次技能比武前三名的党员，在党员"三亮三比"公告栏上张贴红星标识鼓励；对于排名靠后的党员，党支部安排专人谈心谈话，帮助其分析自身短板，解决存在问题，鼓励其对标优秀，加快提升业务技能水平。

案例4：供电所党支部开展降损攻坚优化关键指标

某供电所党支部为解决台区高损问题，以党员"三亮三比"活动为平台，组织实施"党建＋台区降损"攻坚工程。一是设定降损目标，明确降损期限，在线损问题最严重的台区设立党员责任区，实施重点突破。二是定期晒进度、比业绩，在党支部党员大会上对降损成绩突出党员进行表扬，对落后台区进行分析，集党支部全体党员之力，找不足、查原因、定措施，帮助降损指标落后党员尽快达成目标。三是将"比业绩"的结果作为党员评先评优的重要参考依据，在"比学赶超"的浓厚氛围中，解决工作难题。

（四）常见问题

问：预备党员是否需要参加"三亮三比"活动？ 》》》

答：需要。预备党员要通过"三亮三比"活动，自觉接受监督，以实际行动向合格党员标准看齐。

问：亮承诺有哪些具体形式？ 》》》

答：可结合岗位职责和特点，组织签订承诺书，通过办公场所、服务窗口或党员活动室等公示，接受党员群众监督。

问：党员完成承诺的期限是否一定要明确？ 》》

答：党员的承诺不等同于愿景，应当是在一定期限内能够实现的目标。承诺期限根据具体任务而定，一般以年度内为宜。

问：如何结合"三比"，更好地激发党员"比学赶超"？ 》》

答：可以坚持问题导向，针对作风方面突出的问题，督促党员切实将自己摆进去，认真查摆问题，深挖思想根源，制定整改措施。开展职业技能竞赛、岗位大练兵等，锤炼基本功，提升工作能力。开展党员示范岗等创建活动，带动全体党员比拼业绩，争当表率，树标杆，确保在各自岗位见行动、有成效。

问：党支部如何应用"三亮三比"的结果？ 》》

答：党支部应结合日常工作实际，加大对"三亮三比"活动中涌现出来的先进典型人物和突出事迹的宣传力度，作为各类评先评优的重要参考。对于"三亮三比"活动中表现落后的党员，要加强教育和引导。

附录　参考制度文件名录

- 《中国共产党章程》
- 《关于新形势下党内政治生活的若干准则》
- 《中共中央关于加强党的政治建设的意见》
- 《中国共产党党员教育管理工作条例》
- 《中国共产党支部工作条例（试行）》
- 《中国共产党国有企业基层组织工作条例（试行）》
- 《中国共产党党员权利保障条例》
- 《中国共产党党内关怀帮扶办法》
- 《中国共产党发展党员工作细则》
- 《中国共产党党内监督条例》
- 《中国共产党纪律处分条例》
- 《中国共产党党务公开条例（试行）》
- 《2019—2023年全国党员教育培训工作规划》
- 《关于中国共产党党费收缴、使用和管理的规定》
- 《中共中央组织部办公厅关于进一步规范党费工作的通知》
- 《中共中央组织部关于做好与党组织失去联系党员规范管理和组织处置工作的通知》
- 《中共国家电网公司党组关于印发国家电网公司党支部标准化建设实施方案的通知》
- 《中共国家电网公司党组关于进一步深化国家电网共产党员服务队建设的意见》
- 《中共国家电网公司党组关于印发〈国家电网公司"电网先锋党支部"创建工作管理办法〉等4项通用制度的通知》
- 《国家电网有限公司电网基建项目临时党支部工作指导手册（试行）》